CATALOGUE

DE CURIOSITÉS

BIBLIOGRAPHIQUES,

Livres rares, précieux et singuliers; — Ouvrages à figures; — Manuscrits curieux sur diverses parties des Sciences, de la Littérature et de l'Histoire; — Ouvrages tirés à très-petit nombre; — Facéties anciennes et modernes, dont quelques-unes fort recherchées :

RECUEILLIS

PAR LE BIBLIOPHILE VOYAGEUR.

ONZIÈME ANNÉE

La Vente aura lieu le mardi 24 avril 1849, et jours suivants, sept heures précises de relevée, Place de l'Oratoire, n° 6, Salle Techener, par le ministère de M° BOULOUSE, Commissaire-Priseur, rue Richelieu, n° 69, assisté de M. LEBLANC, ancien Imprimeur-Libraire.

A PARIS,

DE L'IMPRIMERIE DE CRAPELET,

RUE DE VAUGIRARD, 9.

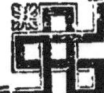

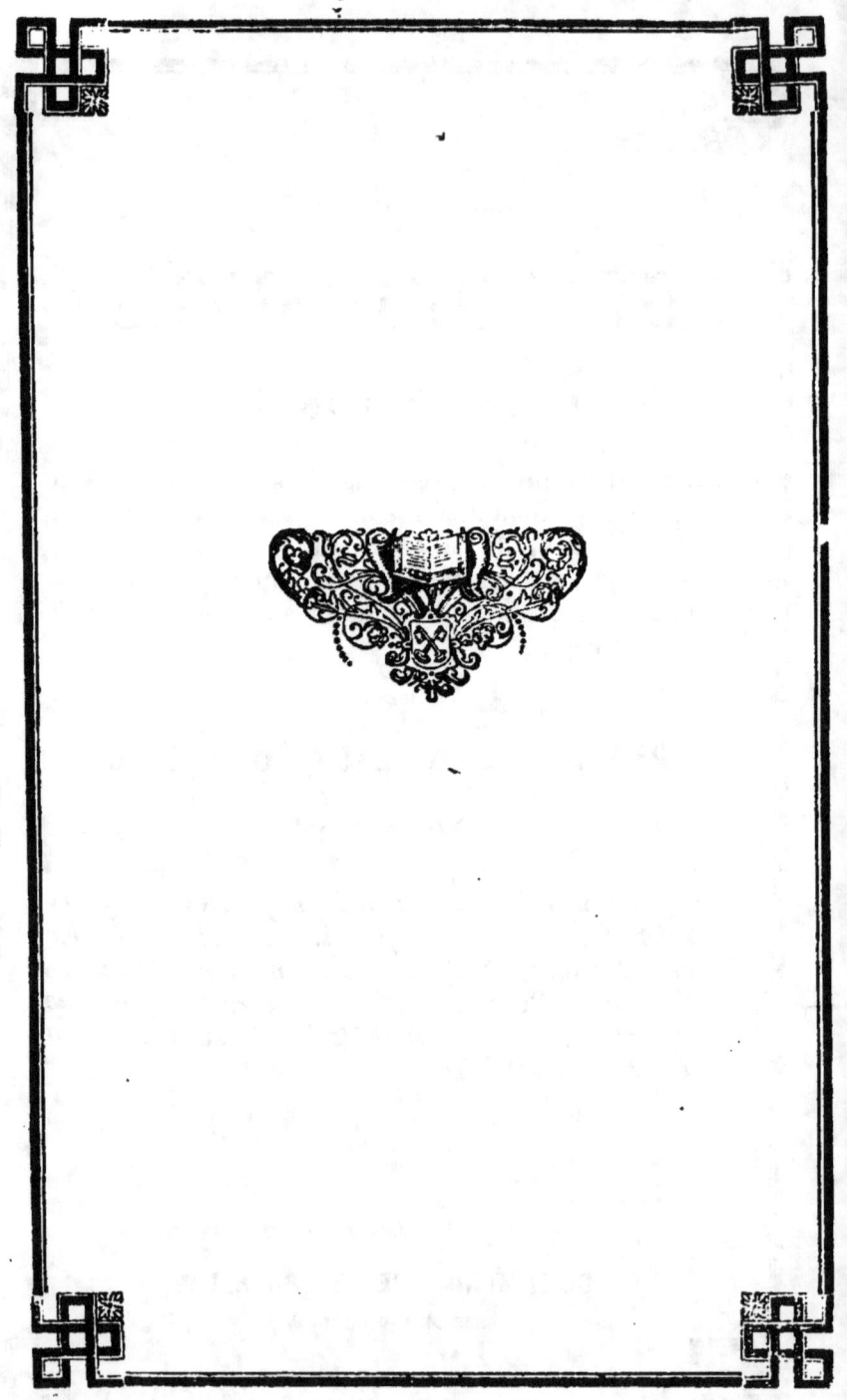

CATALOGUE

DE CURIOSITÉS

BIBLIOGRAPHIQUES.

ONZIÈME ANNÉE.

ORDRE DES VACATIONS.

Nota. On commencera, chaque jour, *à sept heures précises.* Il y aura, de deux à quatre heures, exposition des Livres qui devront être vendus dans la Vacation. Tous les Livres seront vendus pour complets, à moins de déclaration contraire lors de la mise sur table; on aura la facilité de les collationner sur place dans les vingt-quatre heures de l'Adjudication; mais ce délai passé, ou les Livres une fois sortis de la salle de vente, on ne sera admis à *aucun rapport*, sous quelque prétexte que ce soit.

Les articles importants qui se trouveront dans les vingt premiers numéros seront vendus à la fin de la Vacation.

Les articles de 12 francs et au-dessous ne seront repris pour aucun défaut, à moins qu'ils ne soient incomplets.

Le Libraire chargé de la Vente remplira les commissions qui lui seront adressées.

Il sera perçu 5 pour cent au-dessus des prix d'adjudication, applicables aux frais de vente.

1re vacation, le mardi 24 avril.			3e vacation, le jeudi 26.		
Théologie..... Nos	21 à	40	Théologie.......	61—	90
Sciences et Arts...	98—	116	Sciences et Arts..	137—	151
Belles-Lettres....	202—	225	Belles-Lettres....	255—	285
Supplément.....	561—	583	Histoire........	461—	507
Histoire........	378—	413			

2e vacation, le mercredi 25.			4e vacation, le vendredi 27.		
Théologie.......	41—	60	Théologie.......	1—	20
Sciences et Arts..	117—	136	Sciences et Arts..	152—	181
Belles-Lettres....	226—	254	Belles-Lettres....	286—	314
Histoire........	414—	460	Histoire........	508—	545

5e vacation, le samedi 28.		
Jurisprudence ...	91—	97
Sciences et Arts..	182—	201
Belles-Lettres ...	315—	376
Histoire........	546—	560

DE L'IMPRIMERIE DE CRAPELET, RUE DE VAUGIRARD, 9

CATALOGUE
DE CURIOSITÉS

BIBLIOGRAPHIQUES,

Livres rares, précieux et singuliers ; — Ouvrages à
figures ; — Manuscrits curieux sur diverses parties
des Sciences, de la Littérature et de l'Histoire ;
— Ouvrages tirés à très-petit nombre ; — Facéties
anciennes et modernes, dont quelques-unes fort
recherchées :

RECUEILLIS

PAR LE BIBLIOPHILE VOYAGEUR.

ONZIÈME ANNÉE.

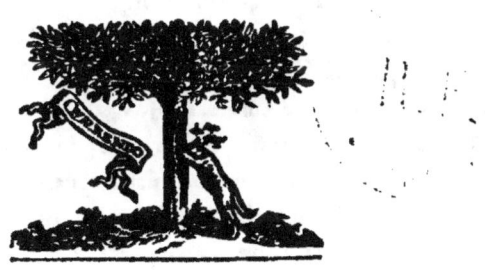

PARIS,
LEBLANC, ANCIEN IMPRIMEUR-LIBRAIRE,
RUE DU MARCHÉ ST.-HONORÉ, N° 24.

1849.

AVERTISSEMENT.

Ce Catalogue, contenant les Ouvrages les plus curieux recueillis par le Bibliophile Voyageur, pendant les années 1847 et 1848, présente aux amateurs quelques raretés remarquables par la beauté et la conservation de leurs reliures, sorties des ateliers des *Monnier, Du Seuil, Pasdeloup, Derome* et autres relieurs célèbres, anciens et modernes. Nous citerons, dans la *Théologie,* les n°s 6, Heures à l'usage de Tournay, gr. in-8, sur *peau vélin*, avec majuscules en or et en couleurs ; — 7. Hore beate Virginis Marie, in-8, sur *peau vélin,* avec miniatures, lettres initiales et majuscules en or et en couleurs ; — 9. Heures du Cardinal de Noailles, archevesque de Paris, in-12, l. r. mar. à compartiments de diverses couleurs, relié par *Monnier;* — 18. Le Nouveau Testament, 4 vol. in-12, mar. doublé de tabis ; — 19. Prières (par le P. Quesnel) in-12, mar. r. — 20. OEuvres de Nicole, 21 vol. gr. in-18, l.-r. mar. r. tabis, rel. par *Pasdeloup;* — 39. La Vita di Maria vergine, di Pietro Aretino, in-8, l.-r. mar. r. comp. *Du Seuil.*

Dans les *Sciences et Arts :* — 98. Introduction à la Philosophie des anciens (par Colonne) in-12, mar. r. comp. *Du Seuil;* — 100. Livre dore de Marc Aurèle, in-8, v. f. d. s. tr. *Closs;* — 155. Trattato della Pittura, di Lomazzo, in-4, mar. bl. *Derome.* — 156. Traité de la Peinture, par Léonard de Vinci, in-12, mar. fig. — 157 et suivants, Ouvrages divers sur la Peinture, par Gérard de Lairesse, Raphaël Mengs, etc. — 165 et suivants, sur la Musique ancienne et moderne, par Luigi Dentice, Fabio Colonna Linceo, Filippo Bonanni, Rameau, de Béthizy, Gallimard, Choquet, Le Sueur, Bemetzrieder, Langlé, Framery, Martine, etc.

Dans les *Belles-Lettres :* — 215. Glossaire de la Langue romane, par Roquefort, avec supplément manuscrit de Hécart, de Valenciennes. — 229. Horatius J. Bond. Amst. Elzev. 1676, mar. vert. — 244. Boileau Despréaux, avec note d'envoi autographe et signée. — 250. Les Jardins, par Delille, gr. in-4, papier de Holl. mar. r. *Derome*. — 260. La Jerusalemma liberata, di T. Tasso, 2 vol. gr. in-8, papier de Hollande, mar. r. *Derome*. — 264. Gli Asolani di P. Bembo, pet. in-4, mar. bleu. *Derome*. — 281. Idoménée, par Crébillon, avec note d'envoi autographe et signée. — 292. Théâtre espagnol, Saynetes, au nombre de 100 pièces, impr. de 1792 à 1815, 2 vol in-4. — 293. Théâtre espagnol. Comédies en vers et en prose, 23 pièces, impr. de 1793 à 1822, in-4. — 295 à 301. Anciens Romans de Chevalerie et autres, dont plusieurs reliés par *Pasdeloup* et *Derome ;* — 315 à 354 : Facéties diverses, par Nic. Chorier, P. Moët, Panckoucke, Séb. Rouillard, Carneau, Muret, Sallengre, Bénard, Champcenetz, Perrault, De La Flotte, Lapeyre, Mme de Pringy, l'abbé Dulaurens, Vadé, Marchand, De La Place, Caraccioli, Ferrante Pallavicino, Arlotto, Boccaccio da Certaldo, Pietro Aretino, etc. — 355. Lucien, trad. par Perrot d'Ablancourt, in-8, mar. r. *Derome*. — 364. OEuvres anonymes (par Mme de Montesson) 8 vol. gr. in-8, papier de Holl. non rognés, rel. par *Closs ;* exemplaire de l'auteur, avec additions et changements manuscrits.

Dans l'*Histoire :* —382. Abrégé de Géographie et d'Histoire universelle, imprimé en 1832 à Oahu, une des îles Sandwich; in-8. — 389 à 391. Relations d'anciens Voyages, et Conquêtes des Français dans le Nouveau Monde, par le P. Bergeron, Jean de Béthencourt, Beauplan, Jean Paulmier, etc. — 401. Viage de España, y fuera de España, por D. Antonio Ponz, 20 vol. in-8, fig. — 406. Sallustius. *Parisiis, Udalricus Gering,* 1472, in-4. — 409. Salmasii Plinianæ Exercitationes, 2 vol. in-fol. Ch. M. v. f. aux armes de *De Thou.* — 421 à 451. Mélanges historiques sur l'Histoire de France, pendant les règnes de Henri III, Henri IV, Louis XIII et

Louis XIV : Documents, Pamphlets et Pièces relatives à l'assassinat de Henri IV, aux guerres en Italie, en Gascogne, à
La Rochelle, à Montpellier, à Montauban, à l'île de Rhé, contre
les Anglais et les Espagnols, etc. — 455 à 481. Mélange de
Pièces publiées de 1787 à 1813, sur la Révolution française,
la plupart fort rares.

Nous terminerons ici l'énoncé des ouvrages qui composent
la série de l'Histoire ; nous engageons messieurs les amateurs
à parcourir les subdivisions des Antiquités, de l'Histoire littéraire, de la Bibliographie et de la Biographie, et le Supplément
qui les suit ; ils remarqueront dans chacune bon nombre d'Ouvrages dignes de figurer dans leurs Bibliothèques.

Nous avons cru devoir présenter séparément l'aperçu des
principaux *Manuscrits* qui font partie de notre Catalogue ; nous
nous bornerons à citer les suivants : — 105. Conseils et Aduis
donnez par Michel de L'Hospital à son petit-fils. Manuscrit
inédit ; — 111. *Vade mecum* de Jean-Pierre Dathenus ; —
125. Leçons de la Nature, par Cousin Despréaux, 4 vol. in-12,
disposés par l'abbé Perrin, pour être réimprimés par la Société reproductive des bons livres. Tous les manuscrits vendus
lors de la dissolution de cette Société peuvent être publiés ; ils
étaient la propriété de l'abbé Perrin et de ses associés. Plusieurs ouvrages, qui font partie du présent Catalogue, et provenant du même fonds, sont dans la même catégorie. — 148,
149. Mélanges curieux sur la Philosophie hermétique. —
209. Dictionarium armeno-latinum, aut. Sancto-Martino. —
243. Idylle sur la Paix, par Racine, mise en musique par
Lulli. — 284 à 288. Diverses pièces dramatiques, autographes, par Carmontelle, Piron, etc. — 361. Voltaire réfuté par
M. Lepan. — 368. Table des matières du Narrateur de la
Meuse, par M. Lerouge. — 370. Opere varie d'Amadio Nico-
luci, Grazzini, detto Il Lasca, Annibal Caro, Galileo Galilei, etc. in-fol. — 375. Lettres de madame de Maintenon à
madame de Caylus. — 419. Facta et Gesta ducum Normanno-

rum ab anno 851 ad annum 1137. — 420. Recettes de la Vidamé d'Amiens, de 1492 à 1507, in-fol.—452. État des droits
de domaine, barage et poids-le-roy dans la ville de Paris, vers
la fin du xvii⁴ siècle. — 475. Copies de Lettres adressées au
comte de Lavalette, de 1812 à 1813, sur la situation de la
France à cette époque. — 548. Vie de D'Aguesseau, gr. in-4,
avec pièces autogr. et signatures de plusieurs membres de la
famille. — 582. Remarques et Pensées diverses (par Leloup);
petit in fol. mar. r. Chef-d'œuvre de calligraphie. — 583. Œu-
vres de E. P. F. Robert : Fables, Contes, Épîtres, et une Tragédie, 4 vol. in-4.

CATALOGUE

DE

CURIOSITÉS BIBLIOGRAPHIQUES.

~~~~~~

THÉOLOGIE.

RELIGIONS DIVERSES.

1. Histoire sacrée en tableaux, avec leur explication suivant le texte de l'Écriture, par de Brianville. *Paris, Ch. de Sercy*, 1670, 3 vol. in-12, v. j.

2. Pentateuchus, sive Mosis prophetæ libri v, ex translatione Joa. Clerici. *Amstelodami, Wetstenius*, 1696, in-fol. v. br.

3. Joa. Forbesii instructiones historico-theologicæ, de doctrina christiana. *Genevæ*, 1700, in-fol. v. m.

4. Preces piæ. In-16, cart. (40 *feuillets*.)
MANUSCRIT du xve siècle, sur VÉLIN, avec bordures et lettres majuscules en or et en couleur.

5. Heures a lusaige de Nantes toutes au long sans reꝗrir : auec les figures et signes de lapocalipse : la vie de thobie et de iudic; les accidēs de lhôme; le triumphe de cesar; les miracles nostre dame.... à *Paris pour Symō Vostre* (1515) in-4, goth. v. rac. (108 *feuillets*.)
Exemplaire grand de marges. — Plusieurs feuillets déchirés mais entiers, ont été mal restaurés par le relieur.

6. Heures a lusaige de Tournay. *Paris, Symon Vostre*, (1502) in-8, goth. 120 *feuillets*, v. n. fil. d. s. tr.
Exemplaire sur *peau-vélin*, dont les lettres initiales et majuscules sont rehaussées en or et en couleurs. — De jolies figures sur bois ornent cette édition : on en remarque 20 grandes et 850 petites, dont

650 historiées (sujets de la Bible) et 200 vignettes d'encadrement, sujets symboliques.

7. Hore beate Virginis Marie secundum usum Romanum. — Sequuntur suffragia plurimorum sanctorum et sanctarum. (*Paris*) *Guillaume Eustace* (1515) *imprimé par Nic. Hygman*, in-8, goth. mar. noir, dent. (152 *feuillets*.)

Exemplaire sur vélin, l.-r. très-bien conservé, orné de 16 grandes miniatures, et dont toutes les lettres initiales et majuscules sont rehaussées en or et en couleurs.

8. Heures imprimées par l'ordre de monseigneur le Cardinal de Noailles, archevesque de Paris. *Paris, Delespine*, 1728, in-12, l.-r. mar. comp. de div. coul. doublé de mar. v. dent. et garde en tabis rose. (*Monnier*.)

Reliure charmante, et dont les ornements extrêmement compliqués, sont du meilleur goût.

9. Missale Andegavense. *Parisiis, J.-B. Delespine*, 1737, in-fol. mar. r. larges dent. (12 *gr. fig.*)

10. Recueil de Prières et de Pratiques très-utiles, avec l'ordinaire de la Messe, l'office de la Sainte-Vierge... (*Paris, Imp. roy.*) 1735, pet. in-4, pap. de Holl. relié en chagrin noir, d. s. tr.

Ouvrage tiré à petit nombre, pour le service particulier de la chapelle du roi, à Versailles.

11. Les Psaumes de David, tant en latin qu'en françois. (*Paris*) *Robert Estienne*, 1552, in-8, parch.

12. I sette Salmi penitentiali imitati in rime da Agost. Agostini, et i sette Salmi della misericordia, latini, raccolti dal Salmista di Girol. Fagiolo, co' lor volgare di Panigarola : ornati di (15) figure in rame. *Anversa*, 1595, in-16, v. f. fil. d. s. tr. (*Derome.*)

Joli volume, dont les figures sont parfaitement exécutées. — Les 32 premiers feuillets, signatures A à D ne sont pas chiffrés; le feuillet suivant, signature E, est paginé 33, et les chiffres se continuent ainsi jusqu'à la page 82.

13. Parafrasi sopra i sette Salmi della penitenza di David, di Partenio Etiro (Pietro Aretino). *In Venetia, Ginammi*, 1629, in-24, v. f. fil. (*Du Seuil.*)

Exemplaire portant la signature *Bernard de la Monnoye*, 1717.

14. Dixains sur l'Oraison dominicale, etc., par Louis le Camus. *Paris, Guignard*, 1655, 2 part. 1 vol. in-12, vél. (9 *fig.*)

15. Homélie, ou paraphrase du psaume L : *Miserere mei Deus*.... par le P. Edme Calabre. *Troyes*, 1711, in-12, lavé-réglé, mar. citr. doublé de mar. v. dent.

16. Paraphrase du Pater....par Siméon le Bansais. *Avignon*, 1773, in-12, v. m. fil.

17. Hymnes, Psaumes et Cantiques spirituels.—Recueil de musique pour le chant des cantiques... *Strasbourg*, 1758, 2 part. en 1 vol. in-12, mar. r. dent.

18. Le Nouveau Testament de N.-S.-J.-C. en latin et en françois.... *Mons, Migeot*, 1684, 2 tom. en 4 v. in-12, l.-r. mar. n. doublé de mar. citron, dent.

19. Prières chrétiennes en forme de Méditations..... (par le P. Quesnel). *Paris*, 1693, in-12, lavé-réglé, mar. r. doublé de mar. r. dent.

20. OEuvres morales de Nicole. *Paris, Guill. Desprez*, 1730-43, 21 vol. gr. in-18, lavés-réglés, mar. r. tabis. (*Pasdeloup.*)

Très-bel exemplaire. — Cette édition, publiée en 20 volumes, en contient effectivement 21, parce que le Supplément aux Lettres forme dans cet exemplaire un tome VIII double, consacré aux lettres adressées par Nicole au P. Quesnel, à M. Arnauld, à mademoiselle Aubri, etc. Ce volume, sans indication de lieu et sans nom d'éditeur, est le seul dans lequel on ne trouve ni les fleurons, ni les vignettes, ni les lettres initiales ornées qui figurent dans tous les autres; nous avons aussi remarqué quelques différences dans l'exécution typographique : nous pensons toutefois que ce volume, qui contient diverses lettres qui avaient excité l'animadversion des ennemis de l'auteur, a été imprimé à Paris et dans les ateliers mêmes de Guill. Desprez, mais que cet éditeur (imprimeur du Clergé) a employé tous ses moyens pour dissimuler le lieu d'impression de ce supplément aux Lettres de Nicole.

21. Les Imaginaires, ou Lettres sur l'Hérésie imaginaire, par Damvillers. *Liège, Adolphe Beyers* (*à la Sphère*) 1667, 2 vol. p. in-12, d.-r.

22. Sermons de Iean Caluin sur les dix Commandemens de la Loy, donnée de Dieu par Moyse, autrement appelez le Décalogue. *Genève*, 1559.— Trois

Sermons..... prononcez à Charenton, par Michel Le Faucheur. *Paris*, 1632, 2 tom. en 1 vol. in-12, v. br.

23. Traicté de la ruine de l'amour-propre et du bâtiment de l'amour divin...... par D. Ienne de Cambry, religieuse de l'ordre de S.-Augustin. *Tournay*, 1627, p. in-8, vél.

24. P. Molinæi de cognitione Dei Tractatus. *Lugd.-Bat. ex offic. Elzeviriana*, 1625, in-24, mar. r. arm.

25. Sermones dominicales per totum annum. Pet. in-4, rel. en bois. (292 *feuillets*.)
MANUSCRIT du xvᵉ siècle.

26. Sermones de Sanctis per totum anni circulum, R. P. Oliverii Maillardi, ord. M. (*Parisiis*) *Ioa. Petit*, 1516, in-8, goth. 2 col. v. ant.

27. Missa apostolica, sive..... divinum sacrificium Sancti Apostoli Petri, cum Wilhelmi Lindani, Episc. Gandavensis, Apologia pro eadem D. Petri Apo-,toli Liturgiâ. *Antuerpiæ, Plantinus*, 1589, in-8, mar. r. (*anc. rel.*)

28. Anatomie de la Messe....., par Pierre du Moulin. *Genève*, 1640, 2 part. 1 vol. in-8, d.-r.

29. Le Tombeau de la Messe. P. D. D. (par Derodon). *Amst. Du Fresne*, 1682, p. in-12, v. j. fil.

30. Kempis commun, ou les iv livres de l'Imitation de Jésus-Christ, trad. pour l'édification commune de tous les Chrétiens qui désirent de s'avancer dans le solide de la Piété (par P. Poiret, ministre protestant). *Amst. Wetstein*, 1726, p. in-12, d.-r. mar. n. *fig.*

31. Ioa. Gessen, ord. S. Benedicti, de Imitatione Christi libri iv, à nonnullis antehac Iō. Gersoni, ab aliis Thomæ à Kempis attributi. *Lut.-Par. Seb. Cramoisy*, 1616, in-12, vél. *fig.*

32. Imitation de Jésus-Christ, par Beauzée; avec une

Notice histor. et des notes par l'abbé Labouderie. *Paris, Ch. Gosselin*, 1824, gr. in-8, pap. vél. mar. viol. comp. sur les plats et le dos, à nerfs. (*Thouvenin jeune.*)

33. I quattro libri de la humanita di Christo, di Pietro Aretino. (*Venetia*) 1539, in-8, mar. bleu, 120 *feuillets.* (*Chameau.*)

34. La Vie de Jésus rappelée à sa simplicité...... (par Chevignard). *Paris*, 1795, in-12, br.

35. Libro di Frate Hieronymo da Ferrara..... della Fede christiana, sopra el glorioso Triompho della Croce di Christo. (*Senza indic.*) In-fol. sans chiffres ni réclames, d.-r. (84 *feuillets.*)

36. Tractatus corporis Christi. Quomodo sacerdotes se debeant habere erga Eucharistiam conferendam. *Parisiis, Joh. Lambert* (1488) in-8, goth. 2 col. d.-r. (28 *feuillets.*)
Édition sans chiffres ni réclames.

37. De l'institution, usage et doctrine du Sainct Sacrement de l'Eucharistie, en l'Église ancienne : par Phil. Mornai. *La Rochelle*, 1598, in-8, vél.

38. De la connoissance et de l'amour du Fils de Dieu N. S. J. C. par le P. J.-B. Saint-Jure, J. *Paris*, *Mabre-Cramoisy*, 1688, in-fol. v.

39. La Vita di Maria vergine di messer Pietro Aretino, nuouamente corretta e ristampata. (*Senza indic.*) in-8, car. ital. l.-r. mar. r. comp. (*Du Seuil.*)
Très-bel exemplaire.

40. Dissertations physico-théologiques, touchant la conception de Jésus-Christ dans le sein de la Vierge Marie sa mère; et sur un tableau de Jésus-Christ qu'on appelle *la Sainte-Face*, et qu'on a voulu faire passer pour une Image constellée : par M. P... C... D. C... (Pierquin, curé de Châtel en Champagne). *Amsterdam*, 1742, in-12, d.-r. *fig.*

41. Dello specchio delle Opere di Dio, nello stato di

natura, libri tres di Partenio Etiro (Pietro Aretino).
In Venetia, Marco Ginammi, 1629, in-24, mar.
bl. (*anc. rel.*)

42. Recueil de Poësies chrétiennes, composées dans
les horreurs de la Bastille de Paris, par Constantin
de Renneville. — Les Pseaumes de la Pénitence, pa-
raphrasez en sonnets : par le même. *La Haye*,
1714-15, 2 tom. en 1 vol. in-8, v. br. *fig.*

43. Cas de conscience sur le Caresme ; — sur les
Danses..... (par l'abbé Lambert). *Paris*, *Lottin*,
1721, 2 tom. 1 vol. in-12, parch. vert.

44. Summa in virtutes cardinales et vitia illis contraria,
eorumque remedia (auth. Peraldo). *Exaratum in
urbe Parisiana, Ulricus Gering et G. Maynial*,
1480, in-fol. 2 col. car. rom. l.-r. rel. en b. ant.

45. Bonifacii de Leua viatice Excursiones.... de nonnullis hominum viciis sparsim edita. *Parisiis, Joh.
Parvus*, 1515, p. in-4, d.-r.

46. Règle pour les Religieuses de l'ordre de Saint-
Augustin. In-8, mar. noir, 2 fig. (166 *feuillets.*)

Manuscrit du siècle précédent. — A la suite sont placés les statuts
des religieuses de l'hôpital de Sainte-Catherine, fondé à Paris en la
grande rue Saint-Denis ; faits par R. P. en Dieu messire Eustache du
Bellay, évêque de Paris ; et enfin diverses maximes et prières extraites
des ouvrages de saint Augustin, saint Cyprien, saint Bernard, saint
Grégoire de Naziance, etc.

47. Observations sur l'établissement du Christianisme
à Chartres, et sur l'origine du Culte rendu à la
Vierge. In-fol. (14 *feuillets.*)

Manuscrit moderne.

48. La sainte Chapelle de Laurette... par Nicolas de
Bralion, parisien. *Paris*, 1665, in-8, d.-r. *fig.*

49. Le magnifique Mausolée dressé dans l'église Notre-
Dame de Paris, à la mémoire de monseigneur le
vicomte de Turenne, avec l'explication des figures,
peintures, sculptures, etc. qui composent cet ouvrage funèbre. *Paris*, 1675, in-4, 8 *pages.*

50. Mélanges sur la Châsse de Sainte-Geneviève et

l'ordre des Processions dans lesquelles elle est portée. *Paris*, 1675, 1725 et 1731, 6 pièces in-4, *fig.*

51. Le Ciel ouvert à tous les hommes, ou Traité théologique (par Pierre Cuppé). 1768, in-8, cart. v. r.
Exemplaire chargé de corrections et d'additions manuscrites.

52. État de l'homme dans le péché originel..... (trad. du latin de Béverland, par Fontenay). *Dans le monde (Hollande)* 1740, in-12, v. j.

53. Le tombeau des Hérétiques, par George l'Apostre. *Rouen, Guill. de la Haye*, 1608, 2 tom. en 1 vol. in-12, parch.

54. L'Anatomie ou Deschiffrement de la Cène des nouveaux Évangélistes et prétendus Reformez : par Hugues Burlat. *Paris*, 1599, in-8, d.-r.

55. Mélanges sur la Religion prétendue reformée, 5 p. in-8, cart.
Apologie contre la Résolution de la sanctification du sainct dimanche et autres festes, 1605. — L'ombre de Calvin, aux Huguenots de France, 1622.

56. La corruption des Cieux par le Péché...... par le P. Franç. Placet. *Lyon*, 1716, in-12, v. rac.

57. Le Divorce céleste, causé par les désordres et les dissolutions de l'Epouse Romaine...... trad. de l'ital. de Ferrante Pallavicino, par *** (Brodeau Doiseville). *Cologne (Amsterdam)* 1696, in-12, v. br.

58. Tabula Processum seu ordinem ultimi divini et criminalis Iudicii, exhibens.... auth. Ioh. Peil. *Vesaliæ*, 1635, in-8, vél.(fig. II tabulam illustrantes.)

59. Apologétique de Tertullien, ou Défense des Chrétiens contre les accusations des Gentils, de la traduction de Giry, de l'Acad. franç. *Amsterdam*, 1701, p. in-8, v. f.
Exemplaire de *Soubise*.

60. La vie, mort et doctrine de Iean Calvin... escrite par Hier. Hermes Bolsec, D. M..... ensemble la vie

de Iean Labadie, ministre à Genève. *Lyon*, *Ant. Offray*, 1664, 2 tom. en 1 vol. p. in-8, v. j. *Portrait*.

MÉLANGES.

61. L'Anti-Papesse : par Florimond de Remond. *Paris*, *Abel Angelier*, 1607, in-8, v. j. fil.

62. Eusebii Romani ad Theophilum Gallum Epistola, de cultu SS. Ignotorum. *Parisiis*, *Robustel*, 1705, in-12, v. j.

63. Catalogus Sanctorum et Gestorum eorum, ex diuersis voluminibus collectus : editus à Rev. in Christo Patre Petro de Natalibus de Venetiis. *Lugduni*, *Claudius Dauost*, *alias de Troys*, 1508, in-4, goth. 2 col. (*fig. lign. min.*)

64. Illustria Ecclesiæ catholicæ Trophæa, ex recentibus Anglicorum martyrum, Scotiiæ proditionis, Gallicorumque furorum rebus gestis grauiss. virorum fide notatis. *Monachii*, 1573, p. in-8, vél.

65. De l'Estat ecclésiastique : par R. P. François de la Rochefoucault, évesque de Clairmont. *Lyon*, *Pillehotte*, 1697, in-8, vél.

66. Avantages du Mariage, et combien il est nécessaire et salutaire aux Prêtres et aux Évêques de ce temps-ci, d'épouser une fille chrétienne (par Desforges, chanoine d'Etampes). *Bruxelles*, 1758, 2 tom. en 1 vol. in-12, v. f. fil.

67. Mélanges sur les Jésuites, 1594-97, 7 p. in-8, cart.

Plaidoyé de M. Arnaud pour l'Université de Paris, contre les jésuites. — Car. Molinæi... an Jesuistæ sint recipiendi in regno Franciæ, et admittendi in Universitate parisiensi ? 1594. — Plaidoyé de Mr Pierre Versoris pour les Prestres et Escholiers du collége de Clermont, *ibid.* — Défenses de ceux du collége de Clermont, *ibid.* — Iac. Ambrosii orationes, 1695. — Plaidoyé sur lequel a esté donné contre les jésuites l'arrest du 16 octobre 1597. — Arrest portant défense à toutes personnes de recevoir aucuns jésuites pour tenir echoles publiques ou privées, etc., *ibid.*

68. Illustrium Scriptorum Religionis Societatis Iesu Catalogus, auct. P. Ribaldeiva. *Lugduni*, *Pillehotte*, 1609, in-8, parch.

69. Sermons prêchés à Toulouse devant messieurs du Parlement et du Capitoulat : par le R. P. Apompée de Tragopone, capucin de la Champagne pouilleuse. *A Eleutheropolis, chez Jonas Freethinker, impr. et libr., rue de l'Antimoine, entre le palais de la Raison et l'église de Notre-Dame des lumières,* 1772, in-12, v. m.

70. Sur la destruction des Jésuites en France : par un auteur désintéressé (D'Alembert). 1767, in-12, v. m.

71. Abrégé chronologique des principaux événemens qui ont précédé la Constitution Unigenitus...... avec les CI propositions du P. Quesnel, mises en parallèle avec l'Ecriture et la Tradition (par Le Gros). 1732, 2 tom. en 1 vol. in-12, mar. citr. (12 fig.) (*Derome.*)

72. Recueil de plusieurs Pièces pour la défense de la morale et de la grâce de Jésus-Christ (par le P. Alexandre) contre un libelle et des lettres anonymes d'un Père Jésuite (le P. Daniel). *Delft*, 1698, 2 tom. en 1 vol. in-12, v. j.

73. Les Jésuites démasqués, ou Annales historiques de la Société (par Roussel, avocat). *Cologne (Épinal)* 1759, in-18, br.

74. Secreta Monita, ou avis secrets de la Société de Jésus. *Paderborne (Paris)* 1761, in-12, br.

75. Almanach du Diable (par l'abbé Quesnel). 1736, in-4, cart. (27 *feuillets.*)
   Copie *manuscrite* d'un petit ouvrage prohibé et supprimé avec la plus grande rigueur dès son apparition.

76. Torrent de feu sortant de la face de Dieu, pour desseicher les eaux de Mara, encloses dans la chaussée du moulin d'Ablon.... par le R. P. F. Iacques Suarès. *Paris*, 1605, in-8, d.-r. (112 *pages.*)

77. Recherches sur la nature du feu de l'Enfer, et du lieu où il est situé; trad. de l'angl. de Swinden, par Bion. *Amst.* 1757, in-8, v. f. fil. tr. d. 2 *gr. fig. (Derome.)*

78. L'apothéose du grand Saint Denis, aréopagite (stances, par Nic. Guérard). *Rouen*, 1642, in-8, d.-r. (26 *pages.*)

79. Histoire de la vie de Saint Sigebert, roy d'Austrasie.... par le P. Nic. Frizon. *Nancy*, 1726, p. in-8, v. br.

80. Vénérable histoire du très-saint Sacrement de Miracle.... par P. Cafmeyer, prêtre et chanoine de SS. Michel et Gudule. *Bruxelles* (1735) in-8, v. br. (21 *fig.*)

81. Extraits des Nouvelles Ecclésiastiques, 1731 et 1732 : Affaire du P. Girard et de Mlle de la Cadière. In-8, v. br.
MANUSCRIT du temps, avec portraits de Girard et de sa victime.

82. Des trois Imposteurs : traduit du latin. In-8, v. br.
MANUSCRIT très-soigné, et qui paraît avoir été exécuté en 1706.

83. Eliæ Schedii de Diis Germanis.... Syngrammata quatuor. *Amsterodami, Lud. Elzevirius*, 1648, in-8, v. f. fil. (*Du Seuil.*)

84. La Religion des Hollandois (par Stoupe, officier suisse). *Cologne, P. Marteau*, 1677, in-12, mar. r.

85. La Religion des Mahométans.... tiré du latin de Reland (par David Durand) et augmenté d'une confession mahométane. *La Haye, Vaillant*, 1721, in-12, v. (6 *fig.*)

86. L'Alcoran des Cordeliers, tant en latin qu'en françois, c'est-à-dire Recueil des plus notables bourdes et blasphêmes de ceux qui ont osé comparer Saint François à Iesus-Christ : tiré (par Erasme Albère) du grand livre des Conformitez, jadis composé (en latin) par frère Barthélemy de Pise, cordelier en son vivant : nouv. édition, ornée de fig.

(20) par Bern. Picard. *Amsterdam*, 1734, 2 vol. in-12, v. m.

87. Le vrai Franc-Maçon, qui donne l'origine et le but de la Franc-Maçonnerie.... par frère Enoch. *Liège*, 1773, in-12, v. m.

88. Nouveau Catéchisme des Francs-Maçons... dédié au beau sexe (par Travenol). *Jérusalem, Pierre Mortier*, 1440 *depuis le deluge* (vers 1778) 2 part. en 1 vol. in-12, v. éc. fil. (8 *fig.*)

89. Procédures curieuses de l'Inquisition de Portugal, contre les Francs-Maçons... par L. T. V. I. L. R. D. M. *Dans la vallée de Josaphat*, 2803, p. in-8, v. m.

90. Instruction à la France sur la vérité de l'Histoire des Frères de la Rose-Croix: par G. Naudé, parisien. *Paris, Iulliot*, 1623, in-8, parch.

JURISPRUDENCE.

91. M. Tullii Ciceronis de Legibus libri tres, cum Adr. Turnebi commentario ejusdemque apológiâ et omnium Eruditorum notis quas Ioa. Davisii editio ultima habet. Textum denuò recensuit suasque animadversiones adjecit Geo.-Henr. Moser... *Franc.-ad-M.* 1824, in-8, d.-r. mar. non rogné. (*Closs.*)

92. Traité de la dissolution du mariage pour cause d'impuissance (par le président Bouhier). *Luxembourg*, 1735, in-8, v. m.

93. Méditations sur le Barreau, par Charrié, avocat. *Paris*, 1835, gr. in-8, pap. vél.
Ouvrage tiré à petit nombre.

94. Discours des Parricides : par Guill. du Blanc, évesque de Grasse et de Vence. *Lyon, Ancelin*, 1606, in-8, v. gr.

95. Discours couronné par la Société royale des Arts et des Sciences de Metz, sur les questions proposées pour sujet de l'année 1784 : 1° Quelle est l'origine de l'opinion qui étend, sur tous les individus d'une

même famille, une partie de la honte attachée aux peines infamantes que subit un coupable?... 2° Cette opinion est-elle plus nuisible qu'utile?... Par M. de Robespierre, av. en Parlement. *Paris, Mérigot,* 1785, in-8, 60 *pages.*

96. Tableaux des Monnaies d'or et d'argent des États de l'Europe, représentées en figures gravées sur bois, avec indication de leurs titre, poids et valeur (en allem.) : par Wil. Ernst Lentzeln. *Gotha,* 1699, 3 part. p. in-fol.

97. Ordonnance et Instruction selon laquelle se doibvent conduire et régler doresenauent les changeurs ou collecteurs des pièces d'or et d'argent... *En Anuers,* 1633, in-4 *long,* rel. en vélin.

Volume contenant 130 feuillets sur lesquels sont gravées les médailles et pièces d'or et d'argent de tous les pays de l'Europe. — Des feuillets blancs intermédiaires, en même nombre, sont chargés de notes manuscrites indiquant le poids et la valeur de la plupart des pièces qui se trouvent en regard.

SCIENCES ET ARTS.

PHILOSOPHIE. — MORALE. — POLITIQUE.

98. Introduction à la Philosophie des anciens, par un amateur de la vérité (Colonne). *Paris,* 1689, in-12, mar. r. comp. (*Du Seuil.*)

99. Traité de l'Infini créé. In-4, v. br. (76 *feuillets.*) Manuscrit de la fin du xvii° siècle.

100. Liure dore de Marc Aurele empereur, et eloquent orateur : traduict de vulgaire castilian en frãcoys par R. P. de la Grise, secretaire de monseigneur le teucrēdissime cardinal de Grantmont, nouuellement reueu et corrige. M. D. xxxviii. *On les vend a Paris en la grand rue S. Jacques, a lenseigne du Pellican, par Ambroise Girault, libraire iure de luniversité.* In-8, goth. de 6 feuillets non chiffrés et ccxxii feuillets chiffrés. v. f. fil. ant. d. s. tr. (*Closs*).

101. M. T. Ciceronis Cato major. *Lutetiæ*, *Barbou*, 1758, in-32, mar. r.

102. Ionæ philologi Dialogi aliquot lepidi ac festiui, in studiosæ iuuentutis informationem nunc primum et nati et æditi. *Parisiis*, *Sim. Colinæus*, 1530, in-8, v. acaj. fil.

103. Anicii Manlii Torquati Severini Boethii de consolatione philosophiæ libri v. *Amsterodami*, *Blaeu*, 1649, in-32, v. éc. fil. d. s. tr.

104. Caractères de Théophraste, traduits du grec, par M. B. de B. (Belin de Ballu). *Paris*, *Bastien*, 1790, in-8, v. f. dent.

Portrait : dessin à l'encre de Chine, par Dortès.

105. Conseils et aduis donnez par Michel de l'Hospital à son petit-fils. Gr. in-fol. parch. (240 *pages.*)

MANUSCRIT inédit, et présentant l'intérêt le plus soutenu.

106. Dictionnaire d'Erudition, ou Recueil alphabétique de Sentences, Maximes et autres citations, tant en prose qu'en vers, extraites de différents auteurs anciens et modernes.

MANUSCRIT moderne, de la contenance de 2 vol. in-8.

107. A System of education for the infant King of Rome and other French princes of the blood. *London*, 1820, in-8, d.-r. (*Portrait.*)

108. Essais philosophiques sur l'Entendement humain, et OEuvre. diverses de Hume : trad. de l'angl. par de Mérian. *Amsterdam*, *Schneider*, 1758, 6 tom. en 5 vol. p. in-8, v. éc. (*Portrait.*)

109. Hier. Rorarii quód animalia bruta ratione utantur meliùs Homine, libri duo. *Parisiis*, *Cramoisy*, 1648, in-8, mar. v. (*Derome.*)

110. De l'âme des Bêtes.... par A. D. (Dilly). *Lyon*, *Anisson*, 1676, in-12, v.

111. *Vade mecum*, ou Tablettes de voyage de Jean-Pierre Dathenus, fils de P. Dathenus, l'un des plus

ardents prédicateurs de la doctrine de Calvin. 1619
à 1624. In-16 obl. v. ant. (176 *feuillets.*)

MANUSCRIT dont chaque feuillet contient une pensée ou une ré-
flexion morale ou profane, écrite et signée par l'un des principaux
personnages des villes de Heidelberg, Marpourg, Cologne, Genève, etc.,
avec lesquels le jeune Dathenus eut des relations d'amitié pendant son
séjour dans lesdites villes. — Ces pensées ou réflexions sont toutes
étrangères à la doctrine de Calvin, et présentées en latin, en italien,
en français ou en allemand ; quelques-unes sont accompagnées de
figures symboliques , et de blasons en miniature. — Le nombre des
feuillets remplis est de 90.

112. Réflexions ou Sentences et Maximes morales de
M. L. D. D. L. R. (le duc de La Rochefoucauld)
mises en vers par Boucher. *Paris, Ch. de Sercy,*
1684, in-12, mar. ant.

113. Réflexions morales, satiriques et comiques sur
les mœurs de notre siècle (par Fréd. Bernard).
Amst. Fréd. Bernard, 1713, p. in-8, v. br. *fig.*

114. Mélanges sur la Géographie, l'Astronomie et
le Système du monde en général, d'après Ptolémée,
Buffon, Laplace, Delalande, etc. In-4°.

MANUSCRIT exécuté avec soin.

115. Examen Temporum mediorum, secundum prin-
cipia astronomica et chronologica, institutum ab
Henr.-Guil. Clemm. *Berolini,* 1752, in-8, v. m.
(2 *pl.*)

Exemplaire de *La Condamine,* avec notes de *Delalande* sur le feuillet
de garde.

116. Essai sur la différence du nombre des hommes
dans les temps anciens et modernes : .... trad. de
l'angl. de R. Wallace, par de Joncourt. *Londres
(Paris)* 1754, p. in-8, v. m. fil.

117. Pascasii Iusti de Alea libri duo. *Amst. Lud.
Elzevirius,* 1642, in-18, mar. r.

118. Considérations politiques sur les coups d'Estat :
par Gabriel Naudé. *Sur la copie de Rome (Hollande, Elzevier, à la Sphère)* 1667, p. in-12, v.

119. Recueil des Pièces concernant la doctrine et
pratique romaine, sur la déposition des Rois et

subuersion de leurs vies et Estats, qui s'en ensuit :
(par Benedict Turretin). *Genève, P. Chouët,* 1627,
p. in-8, v. j. (*anc. rel.*)

120. Directions pour la conscience d'un roi, composées pour l'instruction de Louis de France, duc
de Bourgogne : par Fénélon. *La Haye,* 1748,
in-8, d.-r. (*Portrait.*)

121. Recueil d'aucunes Histoires, esquelles est monstré
que les Empereurs et Rois anciens furent plus riches
et magnifiques, que ne sont ceux du iourd'huy :
extraittes de plusieurs bons autheurs, par Guil.
Thelin. *Paris, Mathurin Penost,* 1565, p. in-8,
v. m.

122. Dessein perpétuel des Espagnols à la Monarchie
universelle. (*S. ind.*) 1624, in-8, 62 *pages.*

123. Discours œconomique, non moins vtile que re-
creatif, monstrant comme par le mesnagement de
poulles, de cinq cens liures, pour vne foys em-
ployees, l'on peult tirer par an quatre mil cinq
cens liures de proffict honneste : par Prudent le
Choyselat. *Paris, Nic. Chesneau,* 1572, in-8, d.-r.

124. Traité de la pratique des Billets entre négocians :
par un docteur en théologie (Le Coureur). *Mons
(Paris)* 1684, in-12, v. br.

HISTOIRE NATURELLE.

125. Leçons de la Nature, ou l'Histoire naturelle, la
Physique et la Chymie présentées au cœur et à
l'esprit : par L. Cousin Despréaux. 4 vol. in-12,
dont partie manuscrite.

La première édition, publiée par la Société reproductive des bons
livres, étant épuisée, M. l'abbé Perrin a disposé cet ouvrage dans un
nouvel ordre, et l'a mis, par de nombreuses augmentations, en rapport
avec les progrès de la science.

126. Fred. Nauseæ Blanci.... Libri Mirabilium septem.
Coloniæ, 1532, in-4, d.-r. (*fig. lign.*)

127. Introduction au Traité de la conformité des

Merveilles anciennes avec les modernes; ou Traité préparatif à l'Apologie pour Hérodote : par Henri Estienne. *Paris*, 1566, in-8, vél.

128. Saggi di naturali Esperienze fatte nell'Accademia del Cimento..... descritte dal Segretario di essa Accademia. *In Firenze, Gio. Fil. Cecchi,* 1691, in-fol. Gr. Pap. v. m. (*Portrait* et 73 *fig.*)

129. Aquatilium Animalium Historiæ, cum eorumdem formis ære excusis, Hipp. Salviano aut. et Ant. Lafreri inc. *Romæ*, 1559, in-fol. v. f.

Ce volume ne contient que les planches (au nombre de 100) avec un avis (en italien) d'Ant. Lafreri, graveur, daté de *Roma, il giorno* 20 *di marzo*, 1559; — Plus une note bibliographique de Huzard, sur les diverses éditions de cet ouvrage, et particulièrement sur celle-ci, qui paraît avoir été destinée aux peintres et aux artistes.

130. Histoire naturelle des Oiseaux, par Eleazard Albin, avec notes de W. Derham. *La Haye*, 1750, 3 vol. gr. in-4, v. f. fil. tr. d. (306 *pl.*)

131. Recueil de xxxv planches coloriées avec soin, pour servir à l'Histoire naturelle des Insectes, Papillons, etc., dess. et gr. par Martinet, avec table manuscr. Gr. in-4, cart.

A ce volume est jointe une lettre aut. et sign. *Olivier*, membre de l'Institut.

132. Lettre d'Hypocrate à Damagette. Traduction (attribuée au comte de Boulainvilliers). *Cologne, Jacques le Sage,* 1700, in-12, mar. ol.

133. Disquisitio anatomica de formato fœtu; aut. Gualtero Needham. *Amst. Le Grand* (*Elz. cum. Sphera*) 1668, p. in-12, v. br. *fig.*

134. Ioh. Heurnii Opera medica, ed. Otthone Heurnio, Ioh. filio. (*Antuerpiæ*) *ex officina Plantiniana Raphelengii*, 1603-1611, 8 part. 1 vol. in-4, d.-r.

135. Dissertatio medica de Peste..... à Melch. Friccio. *Ulmæ*, 1684, in-12, v. f

136. Dissertationes medicæ..... prior, de membrana allantoïde versatur, aut. Lud. de Neufville; poste-

rior, de Clitoride disserit, auct. Theod. Tronchin. *Lugd.-Bat.* 1736, in-8

137. Simeonis Sethi magistri antiocheni volumen de Alimentorum facultatibus..... (græcè et latinè) cum difficilium locorum explicatione à Martino Bogdano. *Lut.-Par.* 1658, in-8, v.

138. Secrets de Médecine, contre les diverses maladies dont les filles, les femmes et les hommes peuvent être affectés. In-8, 43 part.

Manuscrit : extraits du Tableau de l'Amour conjugal, par *Venette*, du *Petit-Albert*, de *Champcour*, de *Girardot*, etc.

139. De l'utilité de la douleur physique et morale, par B. Mojon; trad. de l'ital. par le baron Michel de Cretaigne. *Paris, Dentu*, 1843, gr. in-12, pap. vél. (*Portrait de Sénèque.*)

140. La Fisonomia dell' huomo, et la celeste di Gio. Batt. dalla Porta..... con la Fisonomia naturale di Polemone, trad. dal Conte Franc. Montecucoli. *In Venetia*, 1652, in-8, 3 tom. 1 vol. in-8, vél. (154 *fig. in rame.*)

141. Lettres philosophiques sur les Physionomies (par Pernetti). *La Haye (Paris)* 1748, p. in-8, v. m. fig.

142. Cefalogia fisonomica diuisa in dieci deche, doue conforme a' documenti d'Aristotile, e d'altri Filosofi naturali, con breui discorsi, e diligenti osseruazioni si esaminano le Fisonomie di cento teste humane, che intagliate si vedono in quest' opera, dalle quali per più segni e congietture si dimostrano varie inclinationi di Huomini e Donne : di Cornelio Ghirardelli..... *In Bologna*, 1673, 1 tom. 2 vol. p. in-8, fig. in legno, d.-r.

143. Physiologie de l'Étranger, par Charles Forster. *Paris, Garnier frères*, 1844, gr. in-12, pap. vél.

144. Omnia Andr. Alciati Emblemata, cum comment. per Cl. Minoëm et corollariis Fed. Morelli. *Parisiis*, 1618, in-8, v. *fig. lign.*

145. L'exposition des Songes de Scipion l'Africain, d'Annibal, Alexandre le Grand, Cyrus, Nabuchodonosor et Pharaon, contre les Athées, Épicuriens et Naturalistes (par La Fontaine). *Paris, P. Ménier,* 1609, in-8, d.-r. mar.

146. Recherches physiques sur le Feu : par Marat. *Paris, Jombert,* 1780, in-8, br. (*7 planches.*)

147. Mélanges sur la Philosophie hermétique, extraits de divers auteurs anciens et modernes, par Franç. Poictevin Dulimon, avocat. 1744-48. In-fol. 66 *pag.*

MANUSCRIT exécuté avec beaucoup de soin, dans lequel sont analysés les travaux hermétiques de Pythagoras, Sinesius, Pontanus, Ripléus, Armigoudus, Helias, Libavius, Ægidius de Vadis, Greverius, Bonelius, Hermès, dom Zachaire, Morien, Philalethe, Nic. Flamel, Lombard de Ferrare, Raymond Lulle, Nicolas de Tours, Arnaud de Villeneuve, saint Thomas d'Acquin, le Trévisan, Nic. de Comitimus, Bidache (mort à la Bastille), Rouvière, apothicaire du roi, Saint-Germain, de Chambord, Gilabert, etc., etc.

148. Mélanges sur la Philosophie hermétique, par Morien, d'Arros, de Breves et Barouillet. In-4. *Manuscrit.*

Pièces et lettres autographes, savoir : de Morien, dit Malherbe, ancien Bénédictin, continuateur de l'*Histoire du Languedoc : Essai sur Phénul,* 28 *pag.* — *Homodoxie de tous les cultes religieux,* 33 *pag.* — *Lettres* aut. et sign. à M. de Brèves, 2 p. = de M. de Brèves : *Observations adressées à Morien sur ses travaux,* 28 *pag.* — *Lettres* adressées à M. d'Arros, à Metz, 2 p. = de M. d'Arros à M. de Breves, 4 p. = du gymnosophiste Barouillet, 2 *Lettres* aut. s. à M. de Brèves.

149. Apologie pour les grands hommes soupçonnez de magie : par G. Naudé. *Amsterdam,* 1712, p. in-8, v. j. *fig.*

150. Mélanges sur le Magnétisme, 2 br. in-8. — Lettre de Bergasse. 1781. — Explication, par Bapst et Azaïs. 1817.

151. L'Art de composer des Pierres factices aussi dures que le caillou, et Recherches sur la manière de bâtir des anciens, sur la préparation, l'emploi et les causes du durcissement de leurs mortiers : par Fleuret, professeur d'architecture. *Pont-à-Mousson,* 1807, gr. in-4, br. (*300 pages.*)

152. Essai sur la culture des arts chez les Grecs du temps d'Homère... par M. de Marick, professeur au collége de Joachimsthat, à Berlin, in-4, cart. (68 *feuillets.*)

Manuscrit portant la date de 1797.

153. Mélanges sur les Arts. 5 p. en 1 vol. in-12, d.-r.

1. Dialogues sur les arts, entre un artiste américain et un amateur français (par Estève). *Paris.* 1756. — 2. L'Amateur, ou Nouvelles Pièces et Dissertations... (par H. de la Combe). *Paris,* 1762, 2 p. — 3. Essai sur l'union de la poésie et de la musique (par de Chastellux). *Paris,* 1765. — 4. Lettre sur le méchanisme de l'Opéra italien (par de Villeneuve). *Paris,* 1756.

154. Livre de pourtraicture de maistre Iean Cousin. *Paris,* 1663, in-4, obl. d.-r. fig. s. b.

155. Trattato dell' arte della Pittura ... di Gio.-P. Lomazzo. *In Milano,* 1585, in-4, mar. bl. (*Derome.*)

156. Traité de la Peinture, par Léonard de Vinci (trad. de l'italien par de Charmois). *Paris, Giffart,* 1716, in-12, *portr.* 34 fig. en taille-douce, *mar. noir.*

Très-bel exemplaire.

157. Lettre sur la Peinture, la Sculpture, etc. *Amst.* (*Paris*) 1749, in-12, v. gr. dent. d. s. tr.

158. Le grand livre des Peintres, ou l'Art de la Peinture... avec des Réflexions sur les ouvrages de quelques bons Maîtres... par Gérard de Lairesse..... trad. du holl. (par Jansen). *Paris, Moutard,* 1787, 2 vol. in-4, v. m. (35 *figures.*)

159. OEuvres complètes d'Antoine Raphaël Mengs, premier peintre du roi d'Espagne; contenant différens Traités sur la théorie de la Peinture : trad. de l'italien (par Jansen). *Paris, Moutard,* 1787, 2 vol. in-4, cart. *Portrait.*

160. Douze Tableaux du Roy Louis XIV, de la Reine, de Monsieur, du cardinal Mazarin; exposés sur

des arcs de triomphe, après le sacre de S. M....
par N. Lescalopier. *Paris, Chamhoudry*, 1655,
in-4, v. f. (13 *pl.*)

Explication en vers latins, et traduction française en regard.

161. Museum Odescalchum, sive Thesaurus antiqua-
rum Gemmarum Musei Odescalchi. *Romæ*, 1751,
2 vol. in-fol. br. (100 *tab.*)

162. De la manière de graver à l'eau-forte et au bu-
rin, et de la gravure en manière noire... par Abr.
Bosse. *Paris, Jombert*, 1745, in-8, *fig.* d.-r.

163. Recueil des Figures, Groupes, Thermes, Fon-
taines, Vases et autres ornemens tels qu'ils se voyent
dans le château et parc de Versailles, gravés par Simon Thomassin. *Paris*, 1694, gr. in-8, v. (217 *pl.*
et *portrait de* Louis XIV.)

164. Les nouveaux Principes de l'Art d'écrire, par
Royllet. *Paris*, 1731, in-fol.

165. Duo Dialoghi della Musica di Luigi Dentice,
gentil'huomo napolitano : raccolti da diuersi autori
greci et latini. *In Roma*, 1553, in-4, vél.

166. La Sambuca Lincea, overo dell'istromento mu-
sico perfetto libri III, di Fabio Colonna Linceo. *In
Napoli*, 1618, in-4, cart.

167. Gabinetto armonico, pieno d'istromenti sonori.
indicati e spiegati dal P. Filippo Bonanni. *In Roma*,
1722, in-4, vél. (154 *fig.*)

168. Méthode pour exercer l'oreille à la mesure dans
l'art de la Danse : par Bacquoy-Guédon. *Amsterdam* (*Paris*) s. d. 2 part. en 1 vol. in-8, d.-r.

La 2ᵉ partie contient la musique gravée.

169. Mélanges sur la Musique grecque, 3 part. en 1 v.
in-8, d.-r. mar.

Entretiens sur l'état de la musique grecque vers le milieu du ivᵉ siècle avant l'ère vulgaire. *Paris*, 1777, 110 pag. — Musique des Grecs
(par Vincent) 1845, 4 pag. — Dissertation sur le rhythme chez les
anciens, par le même, 19 pag.

170. Observations sur notre instinct pour la Musique;

et sur son principe... par Rameau. *Paris, Prault,*
1754, in-8, d.-r.

171. Erreurs sur la Musique dans l'Encyclopédie
(par Rameau). *Paris,* 1755, in-8, d.-r.

172. Exposition de la théorie et de la pratique de la
Musique... par de Béthizy. *Paris, Lambert,* 1754,
in-8, d.-r. *(avec* 60 *pl. de musique gravée.)*

173. Arithmétique des Musiciens (par Gallimard).
Paris, 1754, gr. in-8, d.-r.

174. La Musique rendue sensible par la Méchanique...
(par Choquet). *Paris, Ballard,* 1762, in-8, v. m.

175. L'Art musical ramené à ses vrais principes, ou
Lettres d'Ant. D. R. Borghese à Julie; trad. de l'ital.
par l'auteur. *Paris,* 1786, in-8, v.

176. Exposé d'une Musique une, imitative, et particulière à chaque solemnité... par Le Sueur. *Paris,*
1787, 5 parties en 1 vol. in-8, br.

177. Mélanges sur la Musique : par Bemetzrieder,
Langlé et Framery. *Paris,* 1778-1802, 3 part. en
1 vol. in-8, demi-rel.

178. Mélanges sur la Musique : par Behmer, Langlé,
etc. 3 parties en 1 vol. in-8, demi-rel.

179. Leçons de Clavecin, et Principe d'harmonie : par
Bemetzrieder. *Paris, Bleuet,* 1771, in-4, br.

180. Mélanges sur la Musique, 2 vol. in-8, br. fig.

État actuel de la musique de la chambre du roi, et des trois specta-
cles de Paris, 1759. — Le petit Prophète de Boehmischbroda (par
Grimm). *Paris,* 1753.—Ce dernier ouvrage est relatif aux disputes sur
la musique, élevées à l'Opéra entre le *coin du côté du Roi* et le *coin
du côté de la Reine.*

181. De la Musique dramatique en France.... par
M. Martine. *Paris,* 1813, in-8.

182. Il Simoncello, overo della Caccia : Dialogo di
Baldovino di Monte Simoncelli. *In Firenze,* 1616,
in-4, cart.

183. Remarques sur la Chasse aux Chiens couchans ;

tirées des meilleurs auteurs qui ont écrit sur ce sujet. In-fol. (36 *feuillets.*)

Manuscrit de la fin du siècle précédent.

184. The complete Angler... (by John Aukins.) *London*, 1760, in-8, v. f. fil. (*Portrait* et 14 *planches,* gravés par *Ryland.*)

185. Traité de Perspective linéaire : par Mme Lebreton. In-4, (57 *pl.*)

186. Monumens des Arts libéraux, mécaniques et industriels de la France, depuis les Gaulois jusqu'au règne de François Ier... par Al. Lenoir. *Paris, Techener,* 1840, gr. in-fol. d.-r. mar. (45 *pl.*)

187. Traité des Mécaniques et des Forces mouvantes. Pet. in-fol. v. br. (95 *feuillets* et 13 *dessins* ou *plans* coloriés.)

Manuscrit de la fin du siècle précédent.

188. Traité du Toisé des Bâtiments : par Desgodets. In-4, v. m. (176 *feuillets* et 30 *dessins* ou *plans* coloriés.)

Manuscrit du siècle précédent, exécuté avec beaucoup de soin.

189. Discours politiques et militaires sur Corneille Tacite.... trad. par Laurent Melliet. *Rouen, Jacq. Cailloué,* 1642, in-4, v. éc.

190. L'Art en fait d'armes, ou de l'Épée seule, avec les attitudes : par Labat. *Toulouse,* 1696, in-8, d.-r. (12 *pl.*)

191. Traité du Manège, ou l'Art de dresser les Chevaux. in-4, v. éc. fil. (47 *feuillets.*)

Manuscrit du siècle précédent.

192. Discorso sopra la Castrametazione e Disciplina militare de' Romani ; composto per Gugl. Choul. *In Vinegia,* 1557, in-8, vél. (44 *fig. lign.*)

193. Les fonctions de tous les Officiers de l'Infanterie, depuis celle du Sergent jusques à celle du Colonel.... par De Lamont, cap. et major de la ville de Toulon.—Les fonctions du Capitaine de Cavalerie et de ses subalternes... par B. —Pratiques et

Maximes de la Guerre... par le chevalier de la Va-
lière. (*Hollande*) *jouxte la copie imprimée à
Paris, chez Gabr. Quinet*, 1671, 3 tom. en 1 vol.
p. in-12, vél. (13 *fig.*)

194. La Perfettione del Cavallo, libri tre, di Franc.
Liberati... et insieme dell' Arte di Cavaliere, di Se-
nofonte. *Roma*, 1639, in-4, bas. (286 *fig.*)

195. Arte de enfrenar, del capitan Don Francisco
Perez de Navarete. *Madrid*, 1626, in-4, v. f. fil.
fig. s. b.

196. L'Art de nager... par Thévenot ; 4ᵉ édit. avec
le Supplément. *Paris, Lamy*, 1782, 2 part. 1 vol.
in-8, v. rac. (22 *fig.*)

197. Lettres de Ch.-Gottlieb de Windisch, sur le
joueur d'Échecs de M. de Kempelen, traduit de
l'all. par Chrétien de Mechel. *Basle*, 1783, in-8,
br. (3 *fig.*)
Exemplaire ayant sur le feuillet de garde une note autographe de
Delalande.

198. La decoration dhumaine nature et aornement
des Dames, compile et extraict des tres-excellens
docteurs et plus expers medecins, tant anciens que
modernes : par maistre Andre le Fournier... *Paris,
Jehan Sainct-Denys et Jehan Longis*, 1531, in-8,
goth. v. f. fil. (66 *feuillets.*)

199. Discours traittant de l'antiquité, utilité, excellen-
ces et prérogatives de la Pelleterie et Fourrure : par
Charrier. *Paris, Billaine*, 1634, in-8, br.

200. Histoire des Modes françaises, ou Révolutions
du Costume en France, depuis l'établissement de la
monarchie jusqu'à nos jours (par Molé, avocat).
Paris, Mérigot, 1777, 2 tom. 1 vol. in-12, d.-r.

201. L'Enciclopédie perruquière, ouvrage curieux à
l'usage de toutes sortes de têtes, enrichi de (45)
figures en taille-douce : par M. Beaumont, coeffeur
dans les Quinze-Vingts (par Marchand, avocat).
Paris, 1757, in-12, d.-r.

24

BELLES-LETTRES.

GRAMMAIRE. — ÉTUDE DES LANGUES.

202. Linguæ hebraïcæ Institutiones, authore Ioh.
Quinquarboreo.... *Lutetiæ, Gul. Lebé*, 1621, in-8,
parch.

203. Grammaire hébraïque, à l'usage des écoles de
Sorbonne.... par l'abbé Ladvocat. *Paris*, 1765. —
Élémens de la Grammaire hébraïque, par J.-E.
Cellerier fils.*Genève*, 1820, 2 tom. 1 vol. in-8, d.-r.

204. Racines hébraïques sans points-voyelles, ou Dictionnaire hébraïque par racines..... (par le P. Hou-
bigant). *Paris, Simon*, 1732, in-8, v.

205. J. Cheradami alphabetum linguæ sanctæ, mys-
tico intellectu refertum.*Parisiis, Gormontius*,1532,
in-8, v. f.

Exemplaire de Colbert.

206. Aruch, seu Dictionarium chaldaïcum..... per
Seb. Munsterum..... *Basileæ, Frobenius*, 1527,
in-4, d.-r.

207. Græcum Lexicon manuale, primum à Benj. He-
derico institutum, post repetitas Sam.Patricii curas
auctum..... ed. Jo.-Aug. Ernesto. *Londini*, 1766,
gr. in-4, v. f. fil.

208. Mélanges sur la Littérature grecque et latine, par
Schweighæuser, Millin, Ch. Léopold Mathieu,
Aug. Simian, Favre-Cayla, Al. L. B***. 8 pièces
imp. à *Paris, Nancy, Genève, Poitiers*, 1803-25,
8 br. in-8.

209. Dictionarium armeno-latinum..... à J. Sancto-
Martino conflatum, 2 vol in-4.

MANUSCRIT autographe de feu Saint-Martin, membre de l'Institut,
et conservateur de la Bibliothèque de l'Arsenal.

210. Marci Val. Probi gramm. vet. de notis Ro-
manorum interpretandis Libellus; Magnonis, Dia-

coni, aliorumque Notarum veterum explicationes. *Lugd.-Bat.* 1599, in-8, parch.

211. M. Ter. Varronis de Linguâ latinâ libri qui supersunt..... recensuit Leonh. Spengel. Accedit Index græcorum locorum apud Priscianum quæ exstant, ex codice monacensi. *Berolini*, 1826, in-8, d.-r. mar. non rogné. (*Closs.*)

212. Idem opus..... emendatum à Car.-Od. Mullero. *Lipsiæ*, 1833, gr. in-8, d.-r. mar. non rogné. (*Closs.*)

213. Oratio in solemni inauguratione æmulæ latinæ Societatis..... à P. Rusca. *Lugd.-Gall.* 1815, in-8, pap. vél. d.-r.

214. Nova nomenclatura quatuor Linguarum, gallico, germanico, italico, et latino idiomate conscripta, per Nath. Duesium. *Lugd.-Bat. ex officina Elzeviriorum*, 1652, in-8, vél.

215. Glossaire de la Langue romane....., par Roquefort. *Paris, G. Warée*, 1808-20, 3 vol. in-8, d.-r.

A la suite du Supplément formant le tome III, se trouvent les additions manuscrites et inédites de M. Hécart, de Valenciennes.

216. Abécédaire et Prières, pour un jeune Prince. Gr. in-8, mar. vert. (38 *feuillets.*)

Joli Manuscrit sur VÉLIN, exécuté en 1642 par *Letellier*, célèbre calligraphe du temps, et dédié à Louis XIV, alors enfant, dont le portrait, gravé par Boulanger, est placé en regard de l'épître dédicatoire.

217. La Comédie des Académistes, pour la reformation de la Langue françoise : pièce comique, avec le roole des présentations faites aux grands iours de ladite Académie, par Des Cavenets (par de Saint-Evremont). *Imprimé l'an de la Réforme* (1646) in-8.

218. Vocabulaire français-arabe, par M. Vincent. *Paris, Firmin Didot*, 1830, in-8 obl. (3 *pl.*)

219. Tableau historique et littéraire de la Langue parlée dans le midi de la France, et connue sous le

nom de Langue romano-provençale : par M. Mary-
Lafon. *Paris, Maffre-Capin,* 1842, p. in-8, d.-r.
mar.

Ouvrage couronné par l'Institut.

220. Vocabulaire françois-provençal (par Achard).
Marseille, Mossy, 1785, in-4.

Tome Ier du Dictionnaire de la Provence, par une société de gens
de lettres.

221. Vocabulaire rouchi-français et français-rouchi;
précédé d'observations sur les altérations qu'é-
prouve la langue française en passant par ce patois,
(par G.A. Joseph Hécart, de Valenciennes). In-fol.
portr.

MANUSCRIT autographe.

222. De la décadence des Lettres et des Mœurs, depuis les Grecs et les Romains jusqu'à nos jours : par
Rigoley de Juvigny. *Paris, Mérigot,* 1787, in-8,
v. m.

223. Grammatica delle tre lingue italiana, spagnuola
e francese .... di Lorenzo Franciosino. *In Bra-
ciano,* 1656, 2 part. 1 vol. in-8, vél.

224. Le richezze della Lingua volgare, di M. Franc.
Alunno, sopra il Boccaccio. *In Vinegia,* 1555,
in-fol. vél.

225. Ortografia de la Lingua castellana, compuesta
por la Real Academia española. Quinta impresion.
Madrid, Ibarra, 1775, in-8, vél. (9 *planches.*)

Les planches contiennent les types des manuscrits exécutés en Espagne, depuis le xie siècle jusqu'à nos jours ; ceux des livres imprimés en caractères gothiques dans les xve et xvie siècles , et enfin les
signes numériques employés dans la comptabilité royale d'Espagne.

POETES LATINS ET FRANÇAIS.

226. Autorum græcorum Opera varia, Georgio Valla
Placentino interprete. *Venetiis, per Simonem Pa-
piensem dictum Beuilaquam,* 1498, in-fol. v. j.

227. Olympia Pindari latino carmine reddita; per Nic.

Sudorium. *Lutetiæ, Fed. Morellus*, 1575, in-8, parch.

228. Le Festin de Xénophon, de la version de Le Fèvre. *Paris*, 1670, in-12, v. f. fil.

> Joli exemplaire, avec la signature et plusieurs notes de *Lohier*.

229. Q. Horatii Flacci Poemata, cum comment. et annot. J. Bond. *Amst. D. Elzevirius*, 1676, in-12, mar. v.

> Très-bel exemplaire.

230. Vergilius, cum commentariis et figuris (ligneis). Adiectis etiam lusibus illis qui vulgo Priapeæ no-mine appellantur..... *Venetiis, per Gregorium de Gregoriis, impensis Lucæ-Ant. de Giunta*, 1522, in-fol. car. rom. v. m. (272 *feuillets.*)

231. Catullus cum commentario Achillis Statii. *Venetiis, Aldus*, 1566, in-8, cart.

232. Elegie Fausti. (*Parisiis*) *Ioh. Petit, s. d.* in-4.

233. P. Fausti Andrelini Amorum libri quatuor. *Venetiis, per Bernardinum Venetum de Vitalibus*, 1501, in-4, br.

234. Bellum per Desid. Erasmum roterodamum. *Parisiis, Sim. Colinæus*, 1530. — Ioa. Chrysostomi de orando Deum libri duo, Erasmo rot. interprete; adjuncti sunt iidem græcè. *Parisiis, Christ. Wechelus*, 1535, 2 tom. 1 vol. in-8, v. f. fil.

235. Q. Sept. Florentis Tertulliani Satyra de Pallis emendata, et cum interpretatione familiari siue glos-saria, et notationibus reliquis Theod. Marcilii. *Parisiis*, 1614, in-8, parch.

236. Iac. Catsii Faces augustæ, à Casparo Barlæo et Corn. Boyo latino carmine celebratæ. — Iac. Lydii Sermonum convivialium libri ii, ad Iac. Catsium..... quibus variarum gentium mores ac ritus in vxore expetenda, sponsalibus contrahendis, nuptiisque faciendis ac perficiendis enarrantur. *Lugd.-Bat., Ioh. Elsevirius*, 1656, 2 part. 1 vol. in-4, vél.

237. Cl. Espencæi.... sacrarum Heroïdum liber, et urbanarum meditationum in hoc sacro et ciuili bello Elegiæ duæ, etc. *Parisiis, Fed. Morellus*, 1563-64, 2 part. en 1 vol. in-8, parch.

238. Opuscula varia Franc.-Ant. Lefebvre, è S. J. *Parisiis, Sim. Benard*, 1703, in-12, v. ant. fil. (*Portrait.*)

Avec note d'envoi, aut. et signée.

239. Car. Porée.... Fabulæ dramaticæ. *Lut.-Par.*, *Bordelet*, 1749, in-12, v. m.

240. Hector Gallicus dictus à F. Lud. Grudæo cenomano de Cultura.... in vesperiis D. P. Berthault. *Parisiis*, 1628, in-8, d.-r.

Pièce très-rare, adressée à P. Berthault, auteur de l'*Éloge de la ville de Troyes*.

241. L'Ami de la Paix, ode, par Cl. Garnier. — L'Adieu aux Muses, par le même. 1603, 2 p. en 1 vol. in-8, d.-r. mar.

Pièces très-rares.

242. OEuvres de Clément Marot. *Lyon, I. Gautier*, 1597, in-16, mar. r. comp.

243. Idylle sur la Paix : paroles de Racine, musique de Lulli. Gr. in-4. (48 *feuillets*.)

MANUSCRIT.

244. OEuvres diverses du sⁱ Boileau Despréaux : avec le Traité du Sublime, ou du Merveilleux dans le Discours; trad. du grec de Longin. *Paris, Thierry*, 1771, 2 vol. in-12, v. j. (10 *fig*.)

Exemplaire avec note d'envoi autographe et signée *Despreaux*.

245. La Henriade travestie en vers burlesques (par Fougeret de Monbron). *La Haye*, 1746, p. in-8, d.-r.

246. Le même Ouvrage. *Amsterdam*, 1775, in-12, v. m.

247. La Bataille de Fontenoy, poëme héroïque en vers burlesques, par un Lillois (André-Jos. Panc-

koucke) natif de Lille en Flandre. *Lille*, 1745, in-8, d.-r. mar. bleu. (2 jolies *fig.*)

248. La Guirlande de Julie, offerte à Mlle de Rambouillet, Julie-Lucine d'Angènes, par le marquis de Montausier. *Paris, Didot jeune*, 1784, in-8, pap. vél. br.

249. Le Temple de Gnide, mis en vers par Colardeau. *Paris, Le Jay*, 1773, in-8, mar. r. (*anc. rel.*)

250. Les Jardins, ou l'Art d'embellir les Paysages : poëme, par l'abbé Delille. *Paris, Ambr. Didot l'aîné*, 1782, gr. in-4, pap. de Holl. mar. r. (*Derome.*)
Exemplaire de La Vallière.

251. Les petits Soupers d'autrefois (1788). Gr. in-8. (7 *feuillets.*)
MANUSCRIT. — Couplets attribués à Piis.

252. La Guerre des Dieux anciens et modernes, poëme en dix chants : par Evariste Parny. *Paris, F. Didot aîné*, an VII (1798) in-12, d.-r.
Première édition.

253. Napoléon en Égypte, poëme en huit chants : par Barthélemy et Méry. *Paris*, 1828, in-8, d.-r. v.

254. Les Chants du Soldat, par Jamain, sergent au 7e léger. *Givet*, 1843, in-12, d.-r. mar.

POÈTES ITALIENS, ESPAGNOLS ET ANGLAIS.

255. Bibliopola, o sia l'Arte di compor libri, di Carlo Denina. *Torino*, 1776, in-8, d.-r.
Imparfait de deux feuillets.

256. OEuvres de Dante Alighieri. La Divine Comédie, trad. A. Brizeux. — La Vie nouvelle, trad. Delécluze. *Paris, Charpentier*, 1843, gr. in-12, d.-r. mar.

257. La divine Comédie de Dante Alighieri....(trad. par Detouteville). *Paris, Sallior*. 1796, in-8, d.-r.

258. Le Paradis, l'Enfer et le Purgatoire, trad. de l'italien de Dante, avec des notes (par Artaud). *Paris*, 1814-43, 3 vol. in-8, v. rac. fil. *fig.*

259. Amorosa Visione di Messer Gio. Boccaccio, di nuouo ridotta in luce, nella quale si contengono cìnque Trionfi : Trionfo di Sapientia, di Gloria, di Richezza, di Amore, di Fortuna. *In Vinegia, Gabr. Giolito*, 1558, in-8, car. ital. vél. v.

260. La Gerusalemme liberata, di Torquato Tasso. *Parigi, Molini*, 1771, 2 vol. gr. in-4, pap. de Holl. mar. r. (*Derome.*)

Très-bel exemplaire d'une édition ornée de 2 *portraits*, 21 *figures* et 45 vignettes et fleurons gravés par divers, d'après *Gravelot*.

261. Il Goffredo, poema eroico di Torquato Tasso, con gli argomenti di Gio. Vicenzo Imperiale. *In Padova*, 1737, p. in-12, v. f. fil. (20 *fig.*)

262. L'Aminta, di T. Tasso, e l'Alceo, di Ant. Ongaro. *In Padova, Gius. Comino*, 1722, in-8, demi-rel.

263. Le Rime di Fr. Petrarca. *Venezia, Vitarelli*, 1814, 2 vol. p. in-8, v. viol. dent.

264. Gli Asolani di Messer Pietro Bembo. *In Venetia, nelle case d'Aldo Romano*, 1505, p. in-4, mar. bleu. (*Derome.*)

Première et très-rare édition, contenant 98 feuillets, dont le dernier, après l'*errata*, est blanc. — L'*Épître dédicatoire à Lucretia Borgia*, placée au verso du 1er feuillet et au recto du second, est manuscrite : le calligraphe a imité avec une telle perfection les caractères employés par Alde le Romain pour l'impression de cet ouvrage, que la plupart des lecteurs ont attribué aux presses du célèbre imprimeur la production de cette épître, qui manque dans le petit nombre des exemplaires connus.

265. Il Pastor fido, tragicomedia pastorale, di Batt. Guarini. *Amst. P. Mortier* (*Elsev.*) in-32, v. éc. fil. *fig.*

266. Della Sifilide, di Girol. Fracastoro, a P. Bembo libri tre, volgarizzati da Ant. Tirabosco. *In Verona*, 1739, in-4, d.-r. (*Portrait.*)

267. Filli di Sciro, favola pastorale del conte Guidubaldo de' Bonarelli, detto l'Aggiunto, accademico intrepido. *In Amst. D. Elsevier*, 1678, in-32, mar. r. *fig.*

268. Raccolta di Rime italiane, ed. l'abbate Antonini. *In Parigi, Prault*, 1744, 2 vol. in-12, v. m.

269. Alamanni, Ruccellai, Tansillo, Baldi, Didascalici del secolo XVI. *Venezia*, 1786, p. in-8, bas. rac. fil. (9 *vignettes.*)

270. Le Notti romane al sepolcro de' Scipioni. *In Milano*, 1816, 2 vol. in-12, v. porph. dent. (*Simier*).

271. Iliade di Omero, trad. di Vinc. Monti. *Milano*, 1820, 2 vol. p. in-8, cuir de Russie, dent. comp. (*Simier*).

272. Les OEuures de Dom Francisco de Quevedo Villegas.... trad. d'espagnol, par le sieur De la Geneste. *Rouen, Berthelin*, 1665, 3 part. en 1 vol. in-8, v.

Ces OEuvres contiennent, 1° le Coureur de nuit, ou l'Aventurier nocturne; — 2° Buscon, histoire facétieuse; — 3° les Lettres du chevalier de l'Espargue; — 4° les Visions, augmentées de l'Enfer réformé, et du Décret de Lucifer.

273. Elegant Extracts : or useful and entertaining pieces of poetry, selected for the improvement of young persons. *London*, 1801, gr. in-8, cart. (1008 pages à 2 colonnes.)

274. Il Paradiso perduto, poema inglese di Giov. Milton, traduzione di Paolo Rolli. *In Londra, Carlo Bennet*, 1736, gr. in-fol. v. f. (2 *portraits.*)

ART DRAMATIQUE.

275. Observations sur les Comédiens et sur les Masques à l'usage du théâtre chez les anciens : par le chevalier Alex. Lenoir. *Paris, Eberhart*, 1825, in-8.

276. La belle Esclave, tragi-comédie de M. de l'Estoille.

Paris, Pierre Moreau, 1643, gr. in-4, impr. en caractères imitant l'écriture, rel. en v. m.

277. Théâtre de J. Racine, orné de 57 estampes d'après les dessins de Prud'hon, Gérard, Girodet et autres. *Paris, P. Didot,* 1813, gr. in-fol. pap. vél. d.-r.

Édition singulière, exécutée pour l'exploitation des licences maritimes délivrées en 1812 et 1813. — Les figures appartiennent à l'édition en 3 vol. in-folio, dont le texte a été remplacé par celui de l'édition stéréotype in-18, et imposé de format in-fol., à trois colonnes, 9 pages in-18 par page in-folio. — On ne connaît que 2 exemplaires conservés de cette édition *ad usum delphinorum.* Voyez dans le catalogue de la bibliothèque de M. Renouard père, la note sur les licences maritimes de 1812 et 1813.

278. OEuvres de Molière. *Amst.* 1750, 4 vol. p. in-12, fig. de *Punt,* v. rac. fil.

279. Atys, Isis et Bellerophon, tragédies en musique (par Quinault). *Bruxelles, Foppens, et Amst. Wolfgank,* 1676-79, 3 vol. p. in-12, vél.

280. Mélanges dramatiques (par Benserade). *Paris, Ballard,* 1664, 2 p. in-4, cart.

Les Amours déguisez, ballet du roy ; dansé par S. M. au mois de février 1664. — Les plaisirs de l'Isle enchantée : course de bague faite par le roy, à Versailles, le 6 may 1664.

281. Idoménée, tragédie (par Crébillon). *Paris, Le Breton,* 1706, in-12, mar. r.

Exemplaire avec note d'envoi autographe et signée : *A monsieur Lebrun de la part de son très-humble serviteur De Crébillon.*

282. Cornélie, vestale, tragédie (par L. Fuselier et le Prés. Hénault). *Strawberry-Hill (de l'impr. d'Horace Walpole)* 1768, in-8.

283. Le Bâtard légitimé, ou le Triomphe du comique larmoyant ; avec un Examen du Fils naturel..... (par l'abbé Garnier). *Amsterdam (Paris)* 1757, in-8, br. 100 *pag.*

284. Le fâcheux Veuvage, opéra-comique en trois actes, par Piron. In-fol. (55 *feuillets.*)

Manuscrit autographe.

285. Recueil de Parades. In-4, parch. (142 *feuillets.*)

Manuscrit du milieu du siècle précédent, et contenant 15 pièces.

286. Le Bal de province, comédie en un acte et en prose, par Carmontelle. In-fol. br. (30 *feuillets*.)
Manuscrit autographe, daté de 1770.

287. Mélanges dramatiques, 3 pièces.
Manuscrits autographes, qui nous paraissent de la même plume. — La 1re pièce a pour titre : *Busy Body*, com. 3 a. et en vers; — la 2e Orphise, ou *la Mère de famille*, com. 3 a. vers; — la 3e *la Roue de fortune*, com. 1 a. vers.

288. Tarquin, ou la Royauté abolie, tragédie, par Leblanc. In-4, br.
Manuscrit autographe. L'auteur habitait en 1793 l'île Saint-Louis.

289. Teatro antico, tragico-comico, pastorale, drammatico. *Venezia, Zatta*, 1785, p. in-8, bas. rac. fil. (13 *vignettes*.)

290. Teatro italiano antico. *Londra*, 1787, 4 vol. in-12, bas. rac.

291. Commedie di Alberto Nota, con un Saggio storico critico della Commedia italiana del prof. Salfi. *Parigi, Baudry*, 1829, 5 vol. gr. in-12, d.-r. angl. non rognés. (*Portrait.*)

292. Théâtre espagnol : Recueil de 100 pièces (sainetes) imprimées à *Madrid, Cadix, Alcala, Barcelone, Valence, isle de Léon*, etc. 1792 à 1815, 2 vol. in-4, d.-r.
Les auteurs dont les pièces composent principalement ce Recueil, sont : Don Juan del Castillo; D. Ramon de la Cruz; D. Luciano Franc. Comella; D. M.-A. Igual, etc., etc.

293. Théâtre espagnol : Recueil de 23 pièces (comédies) en vers et en prose, imprimées à *Valence* et à *Barcelone*, de 1793 à 1822. 1 vol. in-4, d.-r.
Les auteurs de ces pièces, sont : D. *Inarco Celenio*, D. *Franc. de Boxas, T. de Yriarte, Calderon de la Barca, D. Juan Perez de Montalvan, Tirso de Molina, D. Franc. Mesequer, D. Lope de Vega, Carpio, D. Vicente Rodriguez Arellano, D. Vic. Garcia de la Huerta, Luis Nelez de Guevara*, etc.

294. Raquel, tragedia española en tres jornadas (por D. Vic. de la Huerta). *Madrid, Ibarra*, in-8, br. *fig.*

ROMANS.

295. Les Amours pastorales de Daphnis et Chloé, escrites en grec par Longus, et translatées en françois par Jacques Amyot. *Bouillon*, 1776, pet. in-8, cart. (30 fig. gravées par *Vidal*, d'après les dessins de *Philippe d'Orléans*, régent.)

296. Amours de Théagènes et Chariclée, histoire éthiopique (trad. du grec d'Héliodore par l'abbé de Fontenu). *Londres* (*Paris, Coustelier*) 1743, 2 vol. p. in-8, v. éc. fil. tr. d. (11 *fig.*) rel. de *Barbou*.

297. Le même ouvrage. *Ibidem*, 2 vol. p. in-8, mar. vert. (*Derome.*)

298. Les Amours de Clitophon et de Leucippe, escrits iadis en grec, par Achilles Statius Alexandrin, et depuis mis en latin par L. Annibal (Cruceius), italien, et nouuellement traduits en langage françois par B. (Belleforest) Commingeois..... *Paris, Iean Borel*, 1575, p. in-8, v. m. (*Pasdeloup.*)

299. Les cent Nouvelles nouvelles..... contenant cent Histoires nouveaux qui sont moult plaisans à raconter, en toutes bonnes compagnies, par manière de joyeuseté (par Louis XI, dauphin, et autres) avec fig. (102) d'après les dessins de Romain de Hooge. *Cologne, Gaillard*, 1701, 2 vol. p. in-8, v.

300. Le Roman des Chevaliers de la Gloire..... par Franç. de Rosset. *Paris, Bertaud*, 1612, in-4, bas. Les premiers feuillets sont atteints d'humidité.

301. Le premier (et le second) Livre de la plaisante et delectable histoire de Gerileon d'Angleterre, contenant la morale et plaisante histoire des emerueillables faits d'armes, hautes prouesses et insignes amours d'iceluy : avec plusieurs autres mémorables aduentures : nouuellement mis en françois par Estienne de Maisonneufue, Bordelois *Paris, Iean Houzé*, 1586, 2 tom. 1 vol. p. in-8, d.-r. mar.

302. Les Aventures de Télémaque, suivies des Aventures d'Aristonoüs; précédées d'un Essai sur la vie

et les ouvrages de Fénelon : par M. Jules Janin. Édition illustrée par MM. Tony Johannot, Émile Signol, etc. *Paris, Ern. Bourdin*, s. d. gr. in-8, d.-r. mar. (*Closs.*)

303. Silvie (par Watelet). *Londres (Paris)* 1743, p. in-8, v. m.

Ouvrage orné de 9 *figures* et de 7 *vignettes* et *fleurons*, d'après les dessins de *Boucher*.

304. Tanzaï et Néadarné, histoire japonoise (par Crébillon fils). *Pekins (Paris)* 1740, 2 vol. p. in-12, mar. r. 5 *fig.* (*Derome.*)

305. Le Prince Courtebotte et la Princesse Zibeline, conte. Gr. in-4. (54 *feuillets.*)

MANUSCRIT du siècle précédent, exécuté avec le plus grand soin.

306. Recueil de Contes traduits de l'arabe, par Jacques Marchand, éventailliste. In-8, v. m. (228 *feuillets*).

MANUSCRIT du milieu du siècle précédent.

307. Les Nuits de Paris, ou le Spectateur nocturne, (par Restif de la Bretone). *Londres (Paris)* 1788, 7 vol. in-12, d.-r. (16 *fig.* et *portrait.*)

308. L'Année des Dames nationales, ou Histoire, jour par jour, d'une Femme de France; par Restif de la Bretone. *Genève (Paris)* 1791-1794, 12 vol. in-12, br. *fig.*

309. Galatée, roman pastoral, imité de Cervantes par Florian. *Paris, Defer de Maisonneuve*, 1793, gr. in-4, pap. vél. cart. (4 *pl. en couleur.*)

310. L'Amante artificieuse; conte moral. In-4, cart. (38 *feuillets.*)

MANUSCRIT autographe de Carmontelle. (Note autographe et signée *G. de Pixérécourt.*)

311. Amélina, Godefroy et Augustin, ou les trois époques d'Haïti : par MM. Baignoux et A. *Tours*, 1844, in-8, d.-r. *fig.*

312. Le Bonheur de la vie champêtre : par M. Amanthon. 2 vol. in-18.

MANUSCRIT inédit.

313. Histoires et Causeries de famille; — La Famille
exilée à la Havane après la bataille de Waterloo :
par M. Olivier de Gall. 2 vol. in-12.

Manuscrit inédit.

314. Contes populaires de Musæus, trad. de l'all. par
M. Daltenheym. 2 vol. in-12.

Manuscrit inédit.

FACÉTIES. — CRITIQUE.

315. L'Éloge de la Folie, traduit du latin d'Erasme,
par Gueudeville, avec les notes de Gerard Listre et
les belles figures (83) de Holbein. *Amsterdam,
l'Honoré,* 1731, in-8, v. j.

316. Facetiæ Facetiarum, hoc est joco-seriorum fasci-
culus, exhibens varia variorum Auctorum Scripta.
Franc. ad M. 1615, p. in-12, v. f. (*Anc. rel.*)

317. Aloisiæ toletanæ Satyra sotadica de arcanis
Amoris et Veneris..... Accessit Colloquium antehac
ineditum Fescennini. 1678, in-12, mar. v. dent.
(*Anc. rel.*)

318. J. Meursii (Nic. Chorier) Elegantiæ latini ser-
monis, seu Aloisia Sigæa toletana de arcanis Amoris et Veneris, adjunctis Fragmentis quibusdam ero-
ticis (edente P. Moët). *Birminghamiæ, ex typis
nonnullius. (Parisiis, Grangé)* 1770, 2 vol. p.
in-12, v. éc. fil. d. s. tr.

319. Hippolytus redivivus, id est, Remedium contem-
nendi Sexum muliebrem : aut. S. I. E. D. V. M.
W. A. S. (*Sine ind.*)1644, in-12, mar.v. (*Derome.*)

320. Lucina sine concubitu. Lucine affranchie des
loix du concours. Lettre...dans laquelle on prouve...
qu'une femme peut concevoir et accoucher, sans
avoir de commerce avec aucun homme; traduite de
l'anglais d'Ab. Johnson (John Hill) [par P. Moët].
(*Paris*) 1750, in-8, d.-r.

321. Le même ouvrage. *Londres*, 1776, in-16, v. éc. fil.

322. Pucna (*sic*) Porcorum Per Placentium Poetam. *Antuèrpiæ, Symon Coquus*, 1533, p. in-8, v. f. dent. tr. d.

323. L'Art de désoppiler la rate, sive de modo C. prudenter..... (par Panckoucke). *Gallipoli de Calabre*, 1758, in-12, v. m.

324. La magnifique Doxologie du Festu : par madame Sébast. Roulliard. *Paris, Millot*, 1610, p. in-8, d.-r.

325. Cymbalum Mundi, ou Dialogues satyriques sur différens sujets : par Bonaventure Des Periers. *Amsterdam, Prosper Marchand*, 1732, in-12, v.m.

326. La Stimmimachie, ou le grand combat des médecins modernes, touchant l'usage de l'antimoine, poëme histori-comique, par le sieur C. C. (Carneau, célestin). *Paris*, 1656, in-8, parch.

327. Traité des Festins, par Muret. *Paris, Guill. Desprez*, 1682, in-12, v. f. fil. (*Derome*.)

328. L'Éloge de l'Yvresse (par Sallengre). *La Haye, P. Gosse*, 1715, in-8, v. br.

329. Éloge de l'Enfer, ouvrage critique, historique et moral (par Bénard?). *La Haye*, 1759, 2 vol. in-12, v. m. *fig*.

330. Les Visions admirables du Pelerin de Parnasse, ou Divertissement des bonnes compagnies, et des Esprits curieux : par un des beaux esprits de ce temps. *Paris, Eust. Daubin*, 1635, in-8, mar. r. (*Anc. rel.*)

331. Le Joujou des demoiselles. S. l. in-8, v. m.

Recueil de Contes et Épigrammes, entièrement gravé en taille-douce, avec 2 grands sujets et 60 vignettes d'après *Eisen*, par *Lemire*.

332. Observations sur la destruction de la promenade du Jardin du Palais Royal. *Amsterdam*, 1784, in-8, br. n. r. *fig*.

333. Complainte des Filles auxquelles on vient d'interdire l'entrée des Thuilleries, à la brune. — Tarif des Filles du Palais Royal, lieux cirvonvoisins, et autres quartiers de Paris, avec leurs noms et demeures. 2 p. in-8, d.-r.

334. Essai sur la foiblesse des Esprits-forts, par J. T. de Sz. C. d. S. E. R. (Joseph Teleky de Szek, Comte du Saint-Empire Romain). *Amsterdam, M.-M. Rey,* 1761, in-12.

335. Petit Traité de l'amour des femmes pour les sots, (par De Champcenetz). *Bagatelle,* 1788, in-8, d.-r.

336. L'Apologie des Femmes : par M. P*** (Perrault). *Cologne,* 1694, in-12, d.-r. mar. r.

337. Discours sur les Femmes..... (trad. de l'angl. de Guill. Walsh, par De la Flotte). *Paris,* 1768, in-12, cart.

338. Lettre sur la galanterie des jeunes Conseillers au Parlement de Paris : par M. D.. (par Lapeyre). *Londres,* 1750, in-12, v. j.

339. L'Amour à la mode, Satyre historique (par Mme de Pringy). *Paris, Saugrain,* 1699, in-12, v. m.

340. Mélanges, 5 br. in-8, non rognées.

   Question d'adultère, pour le sieur Kornman, 2 p. — Procès-verbal et Protestation de l'Assemblée de l'Ordre le plus nombreux du Royaume. (2e édition, avec corrections et additions mss.) — Nouveau Conte arabe. — Relation véridique qui a l'air d'un songe.

341. La Chandelle d'Arras, poëme héroï-comique, en xviii chants (par l'abbé Dulaurens). *Londres,* 1774.═Le Balai, poëme en xviii chants (par le même). *Constantinople (Paris)* 1775, 2 tom. en 1 vol. in-12, v.

342. Le Porte-feuille Lyonnois, ou Bigarrures provinciales, trouvées par Q....., ni cuirassé, ni mitré, mais botté. *Minorque,* 1779, in-8, d.-r.

343. OEuvres poissardes de Vadé et de L'Écluse, *Pa-*

ris, *Defer de Maisonneuve*, 1796, in-18, v. porph. fil. tr. d. (*Portrait* et 4 *figures*.)

344. Testament histori-morali-politique de M. R*** (Ramponeau, fameux cabaretier, par Marchand, avocat). *A la Courtille*, 1760, in-12, br. non rogné.

345. Le Supplice des cloches... suivi d'un conte moral, intitulé : *Misère* (en vers) par De la Place. *Paris*, 1790, in-8, cart. (40 *pag*.)

346. Le Conte du Tonneau..... trad. de l'angl. de Swift (par van Effen). *Lausanne*, 1742, 2 tom. en 1 vol in-12, v. f. (5 *fig*.)

347. Mélanges, par divers; 4 p. en 1 vol. in-12, v. éc. fil.

Les Capucins sans barbe, hist. napol. arrivée en 1761. — Dialogues des animaux, ou le Bonheur. *Berlin*, 1783. — Les Prémices de ma jeunesse, ou Arlequin héros dans le royaume de Cathal ; par B. F. D. Chérenši. *Paris*, 1786. — L'Écu de six francs (par Caraccioli). *Paris, Esprit*, 1778.

348. La Rettorica delle Puttane, composta conforme li precetti di Cipriano ; dedicata alla Università delle cortegiane più celebri (da Ferrante Pallavicino). *In Villafranca (Amst. Elsev. alla Sfera)*, 1673, in-12, vél. (124 pages, plus 10, *Vita di Ferrante Pallavicino*.)

349. La Pudicitia schernita di Ferrante Pallavicino. *In Villafranca, (Amst. Elsev. alla Sfera)* 1673, in-12, vél. (36 pages, plus 10, *Vita di Ferrante Pallavicino*.)

350. Facetie, piaceuolezze, Fabule e Motti del Piouano Arlotto. *Venetiis (per Alessandro di Vian)* 1554, in-8, car. rom. 2 col. fig. lign. v. f. fil. (*Closs*.)

351. Il Corbaccio (da Ioh. Boccaccio da Certaldo). *In Parigi, Feder. Morello*, 1569, p. in-8, v. m.

352. Dubbii amorosi, altri Dubbii, e Sonetti lussuriosi di Pietro Aretino. *Nella stamperia del Forno, alla corona de' Cazzi. (In Parigi, Grange)* 1757, in-16, pap. de Holl. v. éc.

Édition tirée à petit nombre, aux frais de Corbie et de Moët.

353. Raccolta di varie Canzonette sopra leggiadri sog-
    getti. *In Firenze,* 1744, in-8, v. f. tr. d.

354. Pasquin ressuscité, ou Dialogue entre Pasquin
    et Marforio.... trad. de l'ital. *Villefranche,* P.
    Marteau, 1670, in-12, v.

PHILOLOGUES ET POLYGRAPHES.——MÉLANGES.

355. Lucien, de la traduction de Perrot, sieur d'Ablan-
    court. *Amsterdam, Mortier,* 1709, 2 vol. p. in-8,
    (14 *fig.*) mar. r. (*Derome.*)

356. Annæ-Mariæ à Schurman Opuscula hebræa,
    græca, latina, gallica, prosaïca et metrica. *Traj.*
    ad Rhen. 1652, p. in-8, v. j. (*Portrait* dessiné et
    gravé par Anne-Marie Schurman).

357. Les Travaux sans travail, de Pierre Davity. *Pa-*
    ris, Robinot, 1602, in-12, parch.

358. OEuvres diverses du sieur de Rayssiguier. *Paris,*
    David, 1632, in-8, v. br. tr. d.

359. OEuvres diverses de Cyrano de Bergerac. *Paris,*
    Ch. de Sercy, 1659, in-2, parch.

360. OEuvres posthumes de M. de Maucroix. *Paris,*
    Étienne, 1710, in-12, v. f.

360. OEuvres choisies de La Monnoye. *La Haye* et
    Paris, Saugrain, 1770, 3 vol. in-8, v. f.

361. Voltaire philosophe, historien, poëte et critique,
    ou Réfutation de plus de mille assertions avancées
    dans le Dictionnaire philosophique et les Questions
    encyclopédiques, dans la Philosophie de l'histoire
    et l'Essai sur les mœurs des nations; dans la Bible
    enfin expliquée, dans le Siècle de Louis XIV, dans
    la Vie de Charles XII, etc. : par M. Lepan. 2 vol.
    in-12.
    Manuscrit autographe et inédit.

363. Les Travaux de l'abbé Mouche (par Lantier).
    Londres (Paris) 1784, p. in-8, v. m. all. fil. d.
    s. tr.

364. OEuvres aponymes. — Théâtre et Mélanges....
(par Mme de Montesson). *Paris, Didot aîné*, 1782-
85, 8 tom. en 4 vol. gr. in-8, pap. de Holl. d.-r.
v. f. non rogné. (*Closs.*)

Ouvrage tiré à très-petit nombre. — Cet exemplaire, qui nous paraît avoir été celui réservé par l'auteur, contient non-seulement les
diverses Pièces indiquées par M. Brunet, mais encore, à la suite du
Poëme de Rosamonde, tome VIII, on remarque un feuillet non chif-
fré, manuscrit imitant le caractère typographique; et indiquant diverses corrections importantes dans le Poëme qui précède.

365. Mélanges dramatiques et historiques. *Bruxelles*,
1609 à 1658, 4 p. en 1 vol. in-4, d.-r.

Bref Recueil de ce qui s'est fait ce dernier Carnaval 1609 en cette
cour de Bruxelles. — Les Mystères de la Toison d'or. Velleris aurei
Mysteria (par de Hailly). 1658. — Grand Ballet des Muses, fait à
Bruxelles par l'ordre de madame la marquise de Caracene, avec les
Éloges en vers (par de Galardi). — Le Triomphe de monseigneur le
comte de Monterey, lieutenant général et gouverneur des Pays-Bas et
Bourgoigne. (72 *pages* et *portrait*.)

366. Essais en vers et en prose, par Rouget de Lisle.
Paris, P. Didot, 1796, in-8, *fig.* et *musique*.

On remarque, dans ce Recueil, 1° Dissertatio juridica inauguralis
de retorsione injuriarum verbalium, aut. Herm.-Bern. Heerkens. —
2° Éloge historique de Levesque de Pouilly, par De Saulx. — 3° Discours sur divers sujets, par Le Beau, Guérin, et autres. — 4° Mémoires publiés dans le procès qui eut lieu entre le sieur Traverol, de l'Académie royale de Musique, et les sieurs de Voltaire et l'abbé d'Olivet.
— 5° Épître au Roi, par Gros Jean, bedeau, carillonneur, et fos-
soyeur de la paroisse de Follenoy. — 6° Essai sur le progrès des
Beaux-Arts, par De la Sorinière, etc.

367. Recueil de Pièces (22) sur divers sujets de Littérature et d'Histoire; 1745 à 1751. In-4, relié en
parch.

368. Le Narrateur de la Meuse : Table des matières
comprises dans ce journal. Manuscrit de M. Lerouge, de la contenance de 2 vol. in-8.

Cette table ne contient l'indication d'aucun article de politique, ni
celle d'événements qui ne peuvent intéresser que les localités où ils ont
eu lieu ; mais on y remarque le soin que M. Lerouge a mis à recueil-
lir et indiquer tout ce qui est relatif aux Sciences et aux Arts, à la Littérature et à l'Histoire : Coutumes, Usages, Langues, Patois, Antiquités, Monuments, Médailles, Biographie, etc.

369. Partout, un peu de tout : Souvenirs poétiques,

par J.-L. Lacour. *Paris, Arthus-Bertrand*, 1844, in-8, pap. vél. (5 *fig.* et 2 *fac-simile*.)

370. Opere varie. in-fol. (235 *feuillets*.)

Manuscrit italien, du XVIIᵉ siècle, contenant les ouvrages suivants : 1. Novella d'Amadio Nicolluci ; — 2. Novelle dieci di Gio.-Franc. Grazzini, detto il Lasca ; — 3. Diceria di Santa Nafissa, di Annibal Caro ; — 4. Parliamento d'un Plebeio, d'Amadio Nicolluci ; — 5. Relazione dell' Ornati ; — 6. Lettera di Galileo Galilei ; — 7. L'Amore di Carlo Gonzaga, duca di Mantoua ; — 8. Il Mercurio Postiglione.

ÉPISTOLAIRES.

371. Aristæneti Epistolæ græcæ , cum versione latinâ et notis Josiæ Merceri, curante Joa.-Corn. de Pauw. *Traj. ad Rh.* 1737, p. in-8, br. en cart.

372. Epistolarum Pauli Manutii libri IIX (*sic*) tribus nuper additis. Eiusdem quæ Profationes appellantur. *Venetiis, Aldus*, 1569, in-8, v. br. fil. d. s. tr.

373. Epistolarum Pauli Manutii libri XII. *Duaci*, 1605, in-8, parch.

374. Lettres de Malherbe, ornées du fac-simile de son écriture ; dédiées à la ville de Caen, avec un plan de cette ville. *Paris, Blaise*, 1822, gr. in-8, v. rose, comp. à froid.

375. Lettres de Mᵐᵉ de Maintenon à la comtesse de Cailus. in-4, cart. (233 *feuillets*.)

Manuscrit du temps, attribué à mademoiselle d'Aumale, qui était l'amie intime de madame de Maintenon , à Saint-Cyr.

376. Lettere familiari del commend. Annibal Caro, colla vita dell' autore, scritta da Seghezzi ; coll' aggiunta di 137 Lettere di monsig. Giov. Guidiccioni. *In Padova*, 1763, 3 vol. in-8, v. m.

HISTOIRE,

GÉOGRAPHIE. — VOYAGES.

378. Traité des Mesures itinéraires anciennes et modernes : par D'Anville. *Paris, impr. roy.* 1769, in-8, br.

379. Dictionnaire interprète-manuel des noms latins de la Géographie ancienne et moderne (par Chaudon). *Paris, Lacombe,* 1777, in-8, br.

380. Dissertation sur l'expédition du consul Suétone Paulin en Afrique, et sur le fleuve Niger de Pline, ou le Nigir de Ptolomée : par P.-A. Latreille. *Paris, Delance,* 1807, in-8.

381. Geographia nubiencis (arabicè, aut. Edrisidio siciliano). (*Romæ,* 1592) in-4, *bas.*

Quelques notes manuscrites en syriaque existent sur les marges des premiers feuillets. — Exemplaire tiré sur papier bleu.

382. He hoikehonua, he mea ia hoakaka'i i ke ano o ka honua nei, a me na mea maluna iho. *Oahu, na ma Misionari i pai,* 1832, in-8, br. (*204 pages.*)

Ce curieux ouvrage, dont il n'existe probablement pas un second exemplaire en France, est un Abrégé de Géographie et d'Histoire universelle, depuis le commencement du Monde jusqu'à nos jours ; il a été publié par les Missionnaires anglais à Oahu, l'une des îles Sandwich. — Dans l'article sur l'île de Sainte-Hélène il est fait mention de la captivité de Bonepate (*sic*).

383. Cours des principaux Fleuves et Rivières de l'Europe, composé et imprimé par Louis XV. *Paris, dans l'imprimerie du cabinet de S. M.* 1718, p. in-4, d.-r. (*avec portrait gravé par* Audran.)

384. Analyse géographique de l'Italie, par D'Anville. *Paris,* 1744, in-4, br. 2 *cartes géogr.*

385. Voyage pittoresque, ou Description du royaume de Naples et de Sicile, par l'abbé de Saint-Non. *Paris,* 1786, in-fol. tomes 3, 4 et 5. (*fig.*)

386. Recueil de Costumes et Vues de la Suisse, 39 pièces, dont 24 coloriées, en 1 vol. gr. in-4, d.-r.

387. Jo.-Bapt. Passerii... in Thomæ Dempsteri libros de Etruria regali Paralipomena. *Lucæ,* 1767, in-fol. br. (8 *tab.*)

388. A History of the Life and Voyages of Christopher Columbus : by Washington Irving. *Paris, Galignani,* (*Jul. Didot, print.*) 1829, 4 vol. in-12, pap. vél.

389. Traité de la Nauigation et des Voyages de Des-

couuerte et conqueste modernes, et principalement
des François..... (par P. Bergeron). *Paris, Iean de
Heuqueuille*, 1629, in-8, vél. — Histoire de la
première Descouuerte et Conqueste des Canaries,
faite dès l'an 1402 par Messire Iean de Bethencourt,
chambellan du Roy Charles VI; escrite du temps
mesme par F. Pierre Bontier, religieux de Saint-
François, et Iean le Verrier, prestre, domestiques
dudit sieur de Bethencourt; et mise en lumière par
M. Galien de Bethencourt, Conseiller du Roy en
sa Cour de Parlement de Rouen..... *Paris, Iean de
Heuqueuille*, 1630 : 2 tom. 1 vol. in-8, vél.

En tête de la 2ᵉ partie se trouve le Portrait de Iean de Bethencourt, gravé par *Balth. Moncornet.*

390. Description d'Ukranie, qui sont plusieurs prou-
inces du royaume de Pologne ; contenuës depuis
les confins de la Moscouie, iusques aux limites de
la Transiluanie ; ensemble leurs mœurs, façons de
viures (*sic*) et de faire la guerre : par le sieur de
Beauplan. *Rouen, Cailloüé*, 1660, in-4, vélin
(112 *pages*, plus, Titre, Épître et Avertissement,
8 *pages*, une grande Carte géographique, et plusieurs
gravures sur bois, dont 2 grandes hors le texte.)

391. Mémoires touchant l'établissement d'une Mission
chrestienne dans le troisième Monde, autrement ap-
pellé la Terre Australe, Méridionale, Antartique, et
Inconnuë..... par vn Ecclesiastique originaire de
cette mesme Terre : par I. P. D. C. (Jean Paulmier).
Paris, Cl. Cramoisy, 1663, in-8, vél. 216 *pag.*
plus 36 limin. et une *Carte géographique.*

L'Épître dédicatoire porte les initiales I. P. D. C.

392. Histoire de Muley Arxid, roy de Tafilete, Fez,
Maroc et Tarudent..... avec la relation d'un voyage
fait en 1666 vers ce prince, pour l'établissement du
Commerce en ses Estats (par Roland Frejus). *Paris,
Clouzier*, 1670, in-12, mar. r.

393. Voyage au Nouveau Monde, et Histoire inté-

ressante du Naufrage du R. P. Crespel. *Amst.*
(*Paris*) 1757, in-12, d.-r.

394. Lettres de milady Wortlay Montagute, écrites
pendant ses Voyages en diverses parties du Monde:
trad. de l'angl. (par le P. Jean Brunet, dominicain).
Paris, Duchesne, 1764, 2 part. 1 vol. in-12, mar.
v. fig.

Exemplaire du duc de La Vallière.

395. Essai de Statistique de l'île Bourbon : par
M. Thomas, ordonnateur à l'île Bourbon. *Paris,*
1828, 2 tom. en 1 vol. in-8, d.-r.

396. Mélanges topographiques, 3 part. 1 vol. in-8,
d.-r.

Sur Bagnères de Bigorre et ses environs. — Sur Bagnères de Lu-
chon. — Sur la vallée d'Aspe, la basse Navarre et les pays circon-
voisins.

397. Description des gîtes de Minérai, des Forges et
des Salines des Pyrénées; suivie d'Observations sur
le Fer mazé et sur les Mines des Sards en Poitou :
par le baron de Dietrich. *Paris, Didot,* 1786,
2 part. en 1 vol. in-4, pap. fin, mar. v. dent. tabis.
(*Derome*). 6 *planches.*

Exemplaire de dédicace, aux armes du comte d'Artois.

398. Carte routière des Vosges, par Henri Hogard.
1843 : *4 feuilles collées s. t.* avec étui.

399. Travaux minéralogiques et géologiques sur le
département des Vosges, par Henri Hogard. *Épinal,*
1837-1845, 3 part. in-8, et 2 atlas.

1. Description des régions granitique et arénacée du système des
Vosges : 1837, 1 vol. in-8 (300 *pag.*) et Atlas in-fol. de 12 *pl.* —
2. Observations sur les Moraines et sur les dépôts de transport ou de
comblement des Vosges : 1842, in-8, et Atlas in-4 de 13 *pl.* — Constitution minéralogique et géologique du département des Vosges.....
1845. Gr. in-8 (130 *pag.*)

400. Mélanges géographiques, 9 part. en 1 vol. in-8,
d.-r.

Nivellement barométrique de la Forêt-Noire, par Michaelis, 1827.
— Rapport sur les Voyages du capitaine d'Urville, par Lair. — Co-
lonie du Guazacoalco, au Mexique, avec *carte.* — Mœurs et usages
des Naturels de la Terre du roi George : par Albert Montémont. —

Fertilité comparatite de l'ancien et du nouveau Monde : par le même. — Positions déterminées astronomiquement en Afrique, par Mungo-Park. — Guide des Emigrans français dans les États de Kentucky et d'Indiana. — Rapport de M. Paul Gaimard à l'amiral Duperré, sur les travaux de la commission scientifique d'Islande et de Groënland.

401. Viage de España, y fuera de España, por D. Ant. Ponz. *Madrid, Ibarra,* 1785-94, 20 vol. p. in-8, v. m. (90 *pl.*)

402. Mélanges géographiques et historiques. 1832-38. 4 br. in-8.

Itinéraire de Morée, trad. de l'angl. de W. Gell, par le lieut. gén. de Tromelin. — Sur l'Afrique et sur Alger, par divers : 3 br.

403. Abd-el-Kader et sa nouvelle capitale : par D*A*****. *Paris,* 1840, in-8. (51 *pages.*)

404. Journal d'une Tournée en Angleterre en 1797. In-4, cart. (120 *feuillets.*)

MANUSCRIT très-soigné.

HISTOIRE ANCIENNE.

405. Orbis Terrarum in nuce, sive Compendium Historiæ civilis chronologicum in sculptura memoriali (germanicè). *Ausgefertigat,* 1722, in-4, d.-r. *fig.*

406. Caii Crispi Salustii, de Lucii Catilinæ coniuratione….. de bello Jugurthe côtra populum Ro. libri. (In fine) *Parisius, p magistrum Vdalricū cognomēnto Gering.*—Inuectiua M. T. C. in L. Catilinā : in presentia eius in senatu. Pet. in-4, caractères romains, lettres majuscules en or et en couleur ; 27 lignes à la page ; relié en vélin, et non rogné.

Édition sans date, sans chiffres et sans réclames, exécutée vers 1472. — Le Saluste contient 92 feuillets, dont le 1er et l'avant-dernier sont blancs; signatures a à l. — Le Cicéron occupe 43 feuillets, signatures a à e. — Quelques notes manuscrites, interlinéaires et marginales, offrent des variantes dans le texte. — Le 1er feuillet de Saluste, qui doit être blanc, manque à cet exemplaire.

407. Eutropii Breviarium Historiæ Romanæ, cum metaphrasi græca Paeanii et notis integris Variorum….. item selectis Frid. Sylburgii. Accedit

Rufus Festus, cum notis Variorum .... édenté Henr. Verheyk. *Lugd.-Bat.* 1793, gr. in-8, d.-r. mar. non rogné. (*Closs.*)

408. C. Velleii Paterculi quæ supersunt, Nic. Heinsius recensuit. *Amstel. ex offic. Elzeviriana, 1678,* in-12, v. j.

Très-grand de marges.

409. Cl. Salmasii Plinianæ Exercitationes in Caii Ivlii Solini Polyhistora..... *Parisiis, Hiér. Drouart,* 1629, 2 vol. in-fol. Ch. M. v. f. fil.

Bel exemplaire, aux armes de *De Thou.*

410. Le grand Almageste du tresnoble et tresillustre hystoriographe Josephe Flauie, Duc des Juifs, et grant zelateur de la loy mosaicque. *Paris, Pierre Leber,* 1530, in-fol. goth. d.-r. *fig. s. b.*

411. Mélanges orientaux. 2 br. in-8.

Précis de l'Histoire des Khans de Crimée, traduit du turc par M. Kazimirski, et revu par A. Jaubert. *Paris, Imp. roy.* 1840. — Les Inscriptions phéniciennes, puniques, numidiques, expliquées par le général Duvivier. *Paris,* 1846.

412. Mélanges sur la Turquie. 1827-40, 3 part. in-8.

Conquêtes et progrès des Turcs. — Traité des lois mahométanes. — Charte des Turks, avec traduction française en regard.

413. Historia Ecclesiastica Eusebii Cesariensis, per Goffredum Boussardum correcta et emendata. *Parisiis, P. Levet,* 1492, in-4, goth. 2 col. v. j.

Histoire de France et de divers Pays.

414. Dictionnaire historique des mœurs, usages et coutumes des Français (par De la Chenaye-des-Bois). *Paris, Vincent,* 1768, 3 vol. p. in-8, v. m.

415. Annales de la Monarchie françoise..... par De Limiers. *Amsterdam,* 1724, 2 vol. gr. in-fol. v. m. (fig. et médailles.)

416. Diplômes et Chartes de l'époque mérovingienne, sur papyrus et sur vélin, conservés aux Archives

du Royaume ; publiés par M. Letronne. *Paris*, *Kœppelin*, in-fol. atlant. 3 *livraisons*.

417. Histoire ou Recueil des gestes, meurs, aages et regnes des Roys de France, leur couronnement et sépultures, le nom des Reynes leurs Espouses, etc. par Pierre Aubert. *Paris, Chastellain*, 1622, in-4, v. f. fil.

418. Conjecture de Nicolas de Cusa, cardinal, touchant les derniers temps ; écrite l'an 1451 , avec la traduction d'une pièce extraite des OEuvres mêlées de Baluze, impr. à Paris en 1678..... *Amst.* 1700, in-8, v. f. fil. anc. rel.

419. Cronicorum libri sex, latini facti per Vilielmum Gemmeticensem , Facta et Gesta Ducum Normannorum continentes ab anno 851 ad annum 1137 incarnati Verbi. In-fol. rel. anc. (124 *feuillets.*)

MANUSCRIT du XIIe siècle, très-bien conservé, avec initiales en couleur. — Le 1er feuillet contient une Lettre adressée par l'auteur, à Guillaume, roi des Anglais orthodoxes, sur l'Histoire des ducs de Normandie.

420. Comptes détaillés des Recettes de la Vidamé d'Amiens, de 1492 à 1507. In-fol. 113 *feuillets*.

MANUSCRIT original, divisé en 13 cahiers, dont chacun contient le détail des recettes et les noms des divers imposés , avec les signatures des percepteurs. — Le premier cahier porte l'indication ci-après :

« Compte que faict et rend à son tresgrand et redoubte seigneur
« Monseigneur Charles Dailly , chevalier vidame dAmiens, seigneur
« baron de Pinquigny, de Vamminal et de la Brove ; conseiller et
« chambellan du Roy, nostre seigneur, Guillaume Boitel, sextellier
« et francq sergent de la vidamé d'Amiens , de la recepte par luy
« faicte des droicts , prouffits et reuenus d'icelle vidamé et sextellage
« dAmiens et des mises et paiemens par luy sur che faictes et che
« pour ung an commenchant au premier jour de may en lan mil
« iiij[ce] iiij[xx] et xij et finant au dernier jour d'auril en lan mil iiij[ce] iiij[xx]
« et xiij includ. »

Les cahiers suivants sont consacrés à chacune des années 1493 à 1507. — A ce registre sont annexées deux pièces, l'une en date de 1557, et l'autre sans date, qui nous paraissent être des *vidimus* desdits comptes.

421. Discours des Histoires de Lorraine et de Flandres....(par Charles Estienne). *Paris, Ch. Estienne*, 1552, in-4, demi-rel. v.

422. Chronique bourdeloise, composée ci-deuant en latin par Gabr. de Lurbe, et par luy de nouueau augmentée et traduitte en françois. *Bourdeaus,* 1594, in-4, vél.

423. Mémoires pour servir à l'Histoire de France et de Bourgogne, sous les règnes de Charles VI et de Charles VII..... (par De la Barre). *Paris,* 1729, in-4, v.

424. Abrégé chronologique de l'Histoire ecclésiastique, civile et littéraire de Bourgogne..... par Mille. *Dijon, Causse,* 1771, 3 vol. in-8, v. m.

425. Lettres du roy Louis XII et du cardinal George d'Amboise. *Brusselle, Foppens,* 1712, 4 vol. p. in-8, v. br. (6 portraits.)

426. Mélanges historiques, 6 p. in-8, cart.

Edict du Roy, contenant la création et érection de Contrerolleurs des tiltres. 1584. — Edict sur le reiglement et retranchement des exempts des tailles. 1615. — Offres ou Propositions au Roy, pour faire rendre à S. M. les deniers pris ou volez par les officiers de ses finances. 1623. — Lettres-patentes du Roy, portant révocation de toutes lettres de noblesse expédiées depuis 1630 jusqu'à présent (1664); et Réglement général des Tailles, à la décharge de ses sujets tail-lables.

427. Mélanges historiques sur l'assassinat de Henry IV, 3 p. in-8, cart.

Discours du Procès criminel faict à Pierre Barrière, dict La Barre, natif d'Orléans.... *Chartres,* 1593. — Procédure faicte contre Iean Chastel, escholier estudiant au Collège des Iésuites. *Paris,* 1595. — La Conspiration faite par les Pères Iésuites de Douay, pour assassiner le prince Maurice d'Orenge, conte de Nassau. 1598.

428. Mélanges historiques, 2 p. in-8, cart.

La France restablie à la naissance du prince Dauphin (prose et vers) 1601. 16 *pages.* — Ode sur la conservation de la France. 1602. 35 *pages.*

429. Mélanges historiques, 5 p. in-8, cart.

Articles et Conventions sur le mariage de Louys XIII avec l'Infante dame Anne, princesse d'Espagne. 1614. — Les articles du Mariage entre le Roy de la Grande-Bretagne, et Madame sœur du Roy (Louis XIII). 1625. — Lettre de M. le marquis de la Vieuville à M. le Chancelier : pièce grandement excellente pour les curieux. 1626, etc.

430. Mélanges historiques, 11 p. in-8, cart.

Translat du ban et placcart decreté contre les amutinez du chasteau

de Hooch-Straten 1603. — La Révolte du pays de Gascogne. 1618.
— Discours touchant la prise des villes et chasteau de Chasteau-
Porcien et Pierrefors. 1617. — Le Surveillant de Charenton aux Ci-
tadins de La Rochelle. 1621. — La Réduction de la ville et chasteau
de Royan. — L'entrée de M. de Soubize à La Rochelle. — La deffaite
générale de l'armée navalle du sieur de Soubize. 1625. — Histoire au
vray de tout ce qui s'est passé depuis la descente des Anglois en l'isle
de Rhé. 1627.

431. Mélanges historiques sur le règne de Louis XIII.
1622-1626. 5 p. in-8.

1. La France au désespoir (30 *pag.*) — 2. La Rencontre du duc
de Bouillon avec Henry le Grand en l'autre monde (22 *p.*) — 3. La
France hors du Tombeau (15 *p.*) — 4. Advis au Roy sur le libelle
diffamatoire d'un admoniteur exécrable sans nom (23 *p.*) — 5. La
Ligue nécessaire, contre les perturbateurs de l'Estat (15 *p.*)

432. Mélanges historiques sur le siége et la prise de
Montpellier et de Montauban par les troupes de
Louis XIII. 6 p. in-8. 1622.

1. Harangue faicte au Roy par Messieurs de Montpellier (13 *pag.*)
— 2. La grande division arrivée ces derniers jours entre les femmes
et les filles de Montpellier, avec le sujet de leurs querelles (Facétie bur-
lesque : 16 *p.*) — 3. Lettre du Roy au mareschal de Souvré sur ce
qui s'est passé à Montpellier, ensemble la réduction de la ville de Montauban (15 *p.*) — 4. Traité de la paix, présenté au Roy par M. le
duc de Rohan, pour sauver les rebelles et la ville de Montpellier (8 *p.*)
— 5. Ordonnance pour la paix (8 *p.*) — 6. Ordonnance de paix en
Dauphiné (11 *p.*)

433. Mélanges historiques et critiques sur les premières années du règne de Louis XIII, 2 p. in-8.

1. Méditations de l'Hermite Valerian, trad. de bon normand en
vieux gaulois, par un pèlerin du Mont S. Michel. 1621 (40 *pag.*) —
2. La merveilleuse Vision de l'astrologue Ioathan, expliquée par l'au-
theur : 1622 (13 *pag.*)

434. Mélanges historiques sur le siége et la prise de
La Rochelle par les troupes de Louis XIII : 7 p.
in-8. 1622.

1. Histoire journalière de tout ce qui s'est faict et passé en France
depuis le départ du Roy de Fontainebleau le 28 avril 1621 (40 *pag.*)
— 2. Déclaration du Roy (sur les villes de La Rochelle et S. Jean-
d'Angely : 16 *p.*) — 3. Discours au Roy, (32 *p.*) — 4. La prise de
toutes les advenues de la ville de La Rochelle (8 *p.*) — 5. Lettre du
mareschal de Vitry, confirmant la nouvelle de la desroute de l'armée
navalle de La Rochelle (12 *p*) — 6. Le *Confiteor* aux Rochellois (en
vers : 13 *p.*) — 7. Relation des fortifications.... qui sont à présent
au camp et armées du Roy devant La Rochelle, tant sur mer que sur
terre (1628 : 16 *p.*)

435. Mélanges critiques sur le règne de Louis XIII, 2 p. in-8.

1. Dialogue du curieux Eraclitte, représenté à trois personnages (31 *pag.*) — Le Courtisan à la mode, selon l'usage de la Cour de ce temps (10 *p.*)

436. Mélanges sur le règne de Louis XIII, 2 p. in-8.

1. Le bon Gascon ressuscité, parlant à un Courtisan bien informé. 1625 (14 *pag.*) — 2. Le Courtisan à la mode, selon l'usage de la Cour de ce temps. *Ib.* (16. *pag.*)

437. Mélanges critiques sur le règne de Louis XIII, et particulièrement contre le connétable de Luynes. 4 p. in-8.

1. La ruze des Flatteurs descouverte au Roy (23 *pag.*) — 2. La Chronique des Favoris (par Langlois, dit Fancan, chanoine de St-Honoré : (56 *p.*) — 3. Factum sur la mort de M. le Connestable. 1622. (16 *p.*) — 4. Entretien de Henri IV dans les Champs-Élyzées avec Villeroi et autres sur les événements qui ont eu lieu en France, en Espagne et en Italie, depuis 1610 jusqu'en 1622, et sur les personnages qui ont figuré en première ligne parmi les Favoris de Louis XIII. (72 *p.*) — Le titre, ou premier feuillet, manque à cette pièce.

438. Mélanges historiques, 3 p. in-8.

1. Manifeste de l'Empereur Ferdinand II, Roy des Romains, de Hongrie et de Bohême.... contenant au vray ce qui s'est passé en Allemagne depuis la mort du feu Empereur Mathias I, jusques à présent. *Paris*, 1620 (56 *p.*) — 2. L'Histoire du progrès des armes du Roy de Suède en Allemagne. *Ib.* 1631 (48 *pag.*) — 3. Les assurances données par le Roy de Suède aux villes par luy conquises sur l'Empereur, pour la conservation des Ecclésiastiques et le libre exercice de la Religion catholique, apostolique et romaine. *Ib.* 1632 (16 *p.*)

439. Mélanges sur le règne de Louis XIII, 3 p. in-8.

1. Remonstrance d'un chevalier Castillan au duc d'Alve.... touchant les guerres d'Italie, et particulièrement de la Val-Toline. 1623. (15 *pag.*) — 2. Histoire véritable de ce qui s'est passé en la Val-Toline, par l'armée commandée par le marquis de Cœuvre.... ensemble ce qui s'est passé en Hollande, et au siège de Breda. 1625. (13 *p.*) — 3. Lettre du Roy.... contenant la victoire remportée par l'armée du roy sur les troupes espagnoles. 1635 (6 *p.*)

440. Mélanges historiques sur le règne de Louis XIII, 9 p. in-8 (1627-1632).

1. Récit véritable touchant l'estat présent de l'isle de Rhé, et arrivée des flottes d'Espagne et de Dunquerque.... Défaite et honteuse mort du frère de Bouquingan, de cinq capitaines anglois, etc. (13 *pag.*). — 2. Défaite entière des Anglois et leur honteuse fuite de l'isle de Rhé (13 *p.*) — 3. Relation de ce qui s'est passé à l'attaque des forts et demi-lunes du pont de Carignan.... avec la mort et la prison des principaux chefs de l'armée d'Espagne (16 *p.*) — 4-9. Let-

tres du Roy au duc de Brissac, aux provinces, au duc d'Orléans, son frère, et Réponse ; au duc de Monbazon , à la Royne-mère.... Réponse.

441. Le soldat piemontois, racontant du camp deuant Turin, ce qui s'est passé en la Campagne d'Italie de l'année 1640. *Paris, F. Rocolet,* 1641 , in-8, mar. r.

442. Histoire de la mère et du fils, c'est-à-dire, de Marie de Médicis et de Louis XIII : par Mezeray. *Amst.* 1630, 2 vol. in-12, v. éc. fil.
Exemplaire de L.-Phil.-Jos. d'Orléans.

443. Henri IV peint par lui-même (par Berthevin). *Paris, Panckoucke,* 1815, in-12, v. porph. dent. (*Portrait* et 2 fac-simile.)

444. Diverses pièces (imprimées de 1631 à 1643), pour la défense de la Reine mère du roy très-chrestien Louis XIII, et publiées de nouveau par messire Matthieu de Morgues. *Sur la copie imprimée à Anvers,* 1643, in-4, v. fil.

445. Aduertissement à Cohon, évesque de Dol et de Fraude , par les Cuistres de l'Vniversité de Paris. *Iouxte la copie imprimée à Douay,* 1649, in-4, 8 *pages.*
Pièce très-rare, écrite en faveur du cardinal Mazarin.

446. Le tout en tout du temps. (*Paris*) s. d. in-4, 4 *pages.*
Pièce de vers satyriques, composée dans les premières années de la Régence du duc d'Orléans. — Cette pièce, fort rare, contient 72 vers, terminés *tous* par le mot *tout.*

447. Maximes d'État, ou Testament politique d'Armand du Plessis, cardinal de Richelieu (avec une Préface et des Notes par Marin). — Lettre sur le Testament politique du cardinal de Richelieu..... (par de Foncemagne). *Paris, Le Breton,* 1764, 2 vol. in-8, v. m. (*Portrait.*)

448. Mélanges sur la Paix, 3 p. in-4, d.-r.
Le Caresme des Parisiens pour le service de la Partie. 1649: — Re-

merciment à S. A. de Longueville pour la paix. — Le congé de l'armée normande (en vers.)

449. Relation de la conduite présente de la Cour de France..... trad. de l'ital. *Leyde, Ant. Du Val* (*Elsevier, à la Sphère*) 1665, in-12, v.

450. État présent de la France et de ses finances. *Genève* (*à la Sphère*) 1691, 2 part. 1 vol. p. in-12, mar. r.

451. Relation de ce qui s'est passé à Tolon, à la feste de S. François de Sales, le 28 janvier 1667, dans l'église des Religieuses de la Visitation..... par Iacq. Borme. *Tolon*, 1667, in-4, d.-r. mar. n.

452. Estat des Droits de domaine, barage et poids-le-roy, où l'on trouve la plus grande partie des Marchandises qui arrivent par eau, dans la ville et faux-bourgs de Paris; mis en ordre par Nicolas Gand, controlleur de la Recette desdits Droits. Gr. in-fol. mar. v.

MANUSCRIT exécuté avec le plus grand soin vers la fin du XVIIᵉ siècle. — A la suite se trouvent les arrêts et déclarations du Roy, concernant la perception desdits droits, en date de juillet 1705. 32 *pages imprimées.*

453. Prophéties perpétuelles de Th. Jos. Moult. *Paris*, 1741, gr. in-12, d.-r. mar.

454. Les Iniquités découvertes, ou Recueil des pièces curieuses et rares, qui ont paru lors du procès de Damiens (par Grosley). *Londres*, 1760, p. in-8, v. m.

455. Journal pour servir à l'histoire du XVIIIᵉ siècle, contenant les événements relatifs aux impôts de la subvention territoriale et du Timbre, proposés à l'enregistrement des cours souveraines de Paris, et retirés ensuite ; avec les Arrêtés, Remontrances, Supplications, Discours des Parlemens, des Cours inférieures et des Chambres de commerce ; les Réponses du Roi, Arrêts du conseil, Édits et Lettres-patentes concernant lesdits impôts et la translation

du Parlement de Paris à Troyes et de Troyes à
Paris, etc., etc. *Paris*, 1788, in-8. *br.*

456. Mélanges historiques et politiques sur la Bretagne. 1788, 4 vol. in-8.

Précis historique de ce qui s'est passé à Rennes, depuis l'arrivée
de M. le comte de Thiard. *Rennes*, 1788, 3 parties. — Mémoire intéressant dans les circonstances actuelles, contenant l'origine des
troubles de Bretagne.... par M. de la Chalotais. *Londres*, 1788.

457. Recueil de pièces publiées à Paris et dans diverses provinces du Royaume, de 1787 à 1789. —
112 br. in-8, non rognées.

Sur la subvention territoriale et l'Impôt du Timbre : Arrêtés,
Discours, Remontrances des Parlements et des diverses Cours : Arrêts du conseil, Edits et Lettres-patentes. — Translation du Parlement
de Paris à Troyes, et de Troyes à Paris. — Mélanges critiques et autres, de 1787 à 1789 (5 mai, jour de l'ouverture des Etats-généraux.)

458. Mélanges politiques, 1787-89, 8 br. in-8, non
rognées.

Point de banqueroute.... (par Brissot de Warville). — Vœux
d'un Patriote (par Jurieu). — Mémoire pour le Peuple français (par
Cerutti). — Le Jurisconsulte national (par Agier). — Code national.... (par Bosquillon). — Catéchisme du Citoyen.... (par Saige).
Recueil de pièces intéressantes. — Que ceux qui ont une âme lisent
ceci (par le marquis de Gouy d'Arcy.)

459. Mélanges sur les diverses assemblées nationales.
1887-89 : 7 br. in-8, non rognées.

Lettre sur les lits de justice (par Le Paige). — Recherches historiques sur la forme des séances royales (par le même). — Essai histor.
et polit. sur les assemblées nationales de France. — Des Etats-généraux, de leur forme, et de la cause de leur convocation. — Forme
générale et particulière de la convocation et de la tenue des assemblées
nationales ou Etats-généraux de France, justifiée par pièces authentiques (par de Lalourcé et Duval). 1re *partie*, 2 vol. — Mémoire sur
les Etats-généraux, leurs droits, et la manière de les convoquer....
par le comte d'Antragues.

460. Mélanges politiques. 1789 : 6 br. in-8, non
rognées.

Qu'est-ce que le Tiers-Etat ? (par Sievès). — Façon de voir d'une
bonne vieille, qui ne radote pas (par Séguier, av.-gén.). — Congrès
convoqué par ordre de l'Eternel. — Cadran des Etats-généraux. —
Rendez-nous nos neuf francs, par l'abbé***. — L'Abbé, j'ai rendu
vos neuf francs, moins trente sous : par le comte de M*** (Mirabeau). — Mémoire de Lally-Tollendal.

461. Mélanges politiques, 1789 et ann. suiv. 10 br. in-8, non rognées.

Procès-verbal des derniers Etats-généraux tenus aux Enfers. — Extrait du Charnier des Innocents, 2 parties. — L'Introïbo ad altare Dei du Peuple, suivi du Confiteor de la Noblesse, etc. — Grand'messe votive qui doit être célébrée à l'ouverture des Etats-généraux.... — Dialogue entre Semblançay, surintendant des Finances de François Ier et l'abbé Terray, contrôleur général. — Lettre z M. de Frondeville, par Mlle de Belhomas. Lettre de mad. la com.esse de V*** à M. de ***. — L'Espion patriote à Paris : manuscrit trouvé dans les papiers du secrétaire de M. de La Fayette. — Testament de Rewbell.

462. Mélanges politiques, 1789 : 12 br. in-8, non rognées.

Le grand Bailliage, comédie historique en trois actes. — La Cour plénière, héroï-tragi-comédie.... (par Gorsas). — Le Pot aux roses, ou le Parlement démasqué : Dialogue (en vers). — Séance extraordinaire et secrète de l'Académie Française, tenue le 30 mars 1789, à l'occasion des Etats-généraux.... avec notes manuscrites explicatives des pseudonymes. — Testament de Lamoignon. — Prospectus d'un nouveau Journal, par les auteurs de la prise des Annonciades. — Prospectus de l'Ami du Peuple, ou le Publiciste Parisien : par Marat. — La Joie du père Luron, marchand de fourneaux, rue de Lappe (en vers). — La Médaille à deux faces (en vers). — Une matinée du Luxembourg, vaudeville. — Parodie de l'Adresse du Corps législatif aux Français. — La Constitution révisée et mise à la portée de tout le monde.

463. Des lettres de cachet et des Prisons d'État (par Mirabeau l'aîné). *Hambourg*, 1782, 2 vol. in-8. — Histoire d'une Détention de 39 ans dans les prisons d'État, écrite par le prisonnier lui-même (Masers de La Tude). *Amst.* 1787, in-8.

464. La Constitution française, décrétée par l'Ass. nat. constituante, et acceptée par le Roi. *Paris, Didot aîné,* 1791, in-32, pap. vél. v. éc. fil. d. s. tr. fig.

465. Mélanges politiques et biographiques, 1789-95 : 8 br. in-8, non rognées.

Le Maréchal-des-logis des trois Ordres. 2 parties. — Les Candidats de Paris jugés.... par Mirabeau. — La Galerie des Etats-généraux (par le marquis de Luchet, Rivarol, Mirabeau et Choderlos de Laclos) 2 parties. — Robespierre aux frères et amis. — Camille Jordan aux fils légitimes de la Monarchie et de l'Eglise. — Manue des assemblées primaires et électorales de France (par A. Dumont. — P.-J. Briot, du conseil des Cinq-Cents, au C. Baudin, du conseil

des Anciens. — Avis au public (sur les Elections de l'an vii). —Déclaration à mes Commettans, par J.-Ch. Bailleul.

466. Histoire secrète de l'Espionage pendant la Révolution. *Francfort*, 1799, 2 vol. in-8, d.-r.
(*figures* et *portraits* ajoutés.)

Ouvrage imprimé à Versailles, publié à Paris en 1797, sous le titre
de l'*Espion de la Révolution*, et saisi par la police. — L'auteur,
M. *Crommelin*, receveur de l'Enregistrement à Saint-Germain, ne fut
pas poursuivi, grâce à l'honorable discrétion de *Huet*, libraire-édi-
teur, qui paya son silence par six mois de détention. — En 1799, le
libraire Moutardier ayant acquis quelques exemplaires échappés à la
saisie, fit réimprimer les premiers feuillets de chaque volume, et
publia cette édition sous le nouveau titre d'*Histoire secrète de l'Espionage pendant la Révolution*.

467. Mélanges politiques, 1797-1800, 9 br. in-8,
non rognées.

Le Charlatanisme politique. — Motion faite le 16 décembre 1796,
dans la Chambre des communes du Parlement de la Grande-Bretagne, en faveur du général La Fayette et de ses compagnons d'infor-
tune : par le tr.-hon. général Fitz-Patrick. — Pièce trouvée à Venise
dans le portefeuille de D'Antraigues. — Observations sur la loi des
Otages.... par André Morellet. — L'accusateur public, 6 thermidor
an vii. — Rapport officiel sur l'assassinat des ministres plénipoten-
tiaires à Rastadt. — De l'avenir et du changement de Dynastie. —
Mercure britannique, novembre 1799. — Lettres de l'armée en
Egypte, interceptées par la flotte anglaise.

468. Précis historique de la Révolution française ;
Convention : par Lacretelle jeune. *Paris, Treuttel*, 1803, 2 vol. in-18, d.-r. (*4 fig.*)

469. Traduction d'un Fragment du xviiie livre de
Polybe, trouvé dans le monastère de Sainte-Laure,
au Mont Athos : par le comte d'Antraigues. Édition
avouée par l'auteur. *Londres*, 1806, in-8.

470. Mémoires de madame De Larochejaquelein.
Paris, Michaud, 1815, 2 tom. 1 vol. in-8, d.-r.
(*2 pl.*)

471. Marie-Antoinette devant le dix-neuvième siècle :
par Mme Simon Viennot. *Paris, Amyot*, 1843,
2 vol. in-8, br.

472. Le Nain jaune (par MM. Dirat, Cauchois-Le-

maire, Babeuf et autres) du 5 février au 15 juillet 1815. In-8, d.-r. 3 fig. color. (*Complet.*)

Tableau de Paris et de la France pendant les cent jours. (*fort rare.*)

473. Mélanges de Pièces historiques des plus rares,
sur diverses époques de la République, de l'Empire
et de la Restauration : 40 parties en 2 vol. in-8,
d.-r.

Les principales pièces sont : Sur la trahison de Pichegru, par
Montgaillard. — Papiers présentés à la Chambre des Communes, par
lord Hawkesbury, concernant les discussions avec la France. *Lon-*
dres, 1803, 2 part. (112 pag.). — Traduction d'un fragment du
xviii° livre de Polybe trouvé dans le monastère de Sainte-Laure, au
mont Athos; par le comte d'Antraigues. *Londres,* 1806. — Oraison
funèbre de Bonaparte, par une Société de gens de lettres..... (par
M. Beuchot). *Paris,* 1814.

474. L'Art de vérifier les dates de la Révolution (par
Rondonneau). *Paris,* an xii (1802) in-12, d.-r.
— Dictionnaire des Jacobins vivants. *Hambourg,*
1799, in-12, d.-r.

475. Copies de Lettres adressées au comte de Lavalette, directeur général des Postes, depuis le 24 décembre 1812 jusqu'au 28 août 1813. In-fol.
(186 *feuillets.*)

MANUSCRIT contenant des détails très-curieux sur les mouvements
des armées françaises et sur la situation de la France à cette époque.

476. Le Moniteur universel. *Paris,* 1789-1822,
72 vol. in-fol. d.-r.

477. La France et l'Angleterre, ou Statistique morale et physique de la France, comparée à celle de
l'Angleterre.... par le chevalier F. de Tapiès. *Paris,*
Guillaumin, 1845, tr.-gr. in-8, br.

478. Guil. Camdeni Britannia..... in Epitomen con-
tracta à Regnero Vitellio Zirizæo, et tab. chorogr.
illustrata. *Amst. Ianssonius,* 1617, in-8, v. f. fil.

479. Cl. Salmasii Defensio regia pro Carolo i. *Sump-*
tibus regiis (*Holland.*) 1652, p. in-12, v. br. —
Joa. Miltonis angli pro Populo anglicano defensio,
contra Cl. Anonymi, alias Salmasii Defensionem re-
giam. *Londini, typis Du Gardianis* (*Holl.*), 1652,
p. in-12, v. br.

480. Histoire de la Conspiration d'Angleterre, trad. de l'angl. de L'Estrange, par L. D. L. F. *Londres*, 1679, in-12, vél.

481. Le Mercure espagnol, ou Discours dans lesquels sont déduites les fraudes espagnoles, et particulièrement les calomnies et ignorances escrites dans un libelle intitulé *Mars François*... 1638, in-8, parch.

ANTIQUITÉS.

482. The Archæologist, and Journal of antiquarian Science, ed. by James Orchard Halliwell, Esq. n° 1 to. x. *London*, 1842, in-8, pap. vél. cart. *fig.*

483. La Science des Médailles (par le P. Jobert.) Nouvelle édition augmentée par l'auteur; avec quelques nouvelles découvertes faites dans cette Science. *Amsterdam*, 1717, in-12, v. f. fil. (3 *fig. et* 11 *pl.*)

484. Collection des Médailles dites Spintriennes, gravées par Saint-Aubin, et destinées à compléter l'ouvrage ayant pour titre : Description des principales Pierres gravées du cabinet du duc d'Orléans. In-f. (7 *planches* représentant 34 *sujets.*)

485. De Asse et partibus eius libri quinque Guillielmi Budei. (*Parisiis*) *in Chalcographiâ Ascensianâ*, 1514, in-fol. cart.

486. Dissertation sur le Dieu Sérapis..... (par Ch. Galliot). *Paris*, 1760, in-8, d.-r.

487. Dissertation sur les Amazones..... par le chevalier de Paravey. *Paris, Treuttel et Würtz*, 1840, in-8, *fig.*

488. Histoire de l'art monumental dans l'antiquité et au moyen âge; suivie d'un Traité de la Peinture sur verre : par L. Batissier. *Paris, Furne*, 1845, gr. in-8, cart. *vignettes s. b.* et 4 *fig. color.*

489. Ioan.-Iac. Chiffletii..... Vesontio civitas imperialis libera, Sequanorum metropolis, plurimis, nec vulgaribus sacræ, prophanæque Historiæ Monumentis illustrata, et in duas partes distincta. *Lugduni, Cl. Cajne*, 1618, in-4, d.-r. *fig.*

490. Antiquités de Vésone, cité gauloise, remplacée par la ville actuelle de Périgueux..... Description précédée d'un Essai sur les Gaulois : par M. le comte Wlgrin de Taillefer.*Périgueux, Dupont père et fils*, 1821-26, 2 vol. gr. in-4 i.r. (*24 pl.*)

491. Antiquités de Nîmes, 3 parties in-8.

1. Dissertation sur l'ancienne Inscription de la Maison carrée; par Séguier. *Paris*, 1759, fig. — 2. Sonnets.... par l'abbé Valette, 1756, 7 fig. — 3. Eclaircissements..... *Nismes*, 1766, 4 fig.

492. Dissertation sur les origines de Toulouse (par l'abbé Audibert). *Avignon* et *Toulouse*, 1774, in-8, br.

493. Histoire des Antiquités de la ville de l'Aigle et de ses environs..... par J.-Fr.-Gabr. Vaugeois. *L'Aigle*, 1844, in-8, br. fig.

494. Description de la ville d'Ath, contenant sa fondation et imposition de son nom, par Jean Zuallart. *Jouxte la copie, à Ath, chez Iean Maes*, 1610, gr. in-8, *portrait*. (*28 feuillets.*)

Réimpression exécutée à Valenciennes en 1836. On y a joint un portrait de Zuallart, gravé par *Wacquez* de Valenciennes, d'après le tableau de *Boniface*, peint à Rome en 1587.

495. Histoire de Brive-la-Gaillarde et de ses environs, recueillie successivement par quatre citoyens de cette ville. (Publiée par Leymonerie, ancien professeur et curé). *Brive*, 1810, in-8.

496. Changemens survenus dans les mœurs des habitans de Limoges depuis une cinquantaine d'années. 2ᵉ édition, augmentée..... par J.-J. Juge. *Limoges*, 1817, in-8.

497. Notice historique sur Crécy, tirée des manuscrits de Dom Grenier..... mise en ordre par De Cayrol. *Abbeville*, 1837, in-8.

498. Un petit mot de réponse à M. H. (Hoffmann),

rédacteur du *Journal de l'Empire*, sur sa critique des *Ruines de Port-Royal;* avec cette épigraphe : *Et tu quoque, Brute,* (par Psaume). In-4, 39 *pag.*

MANUSCRIT autographe, auquel on a joint la critique d'Hoffmann, celle de divers autres journaux du temps, de plusieurs Lett. aut. et sign. de Psaume, dans l'une desquelles il déclare que, sur la prière de l'évêque Grégoire, auteur de l'ouvrage intitulé : *les Ruines de Port-Royal des Champs,* il renonce à publier sa Réfutation de la critique de M. Hoffmann.

499. Mémoire sur le Tyrol. Pet. in-4, v. (175 *feuil.*)

MANUSCRIT de la fin du siècle dernier, avec 6 plans en couleur.

500. Dictionnaire héraldique....., par G. d. L. T*** (Gastelier de La Tour). *Paris, Lacombe,* 1774, p. in-8, v. m. fig.

501. Jeu d'armoiries des Souverains et États d'Europe... par C. Oronce Finé, dit de Brianville. *Lyon, Coral; — Amsterdam, P. Mortier,* s. d. in-12, v. br. fig.

502. Armorial général de D'Hozier. — Familles de Guyenne et d'Anjou, 2 vol. in-fol. d.-r. (*blasons.*)

503. Mémoire concernant les usurpateurs de noblesse et d'armoiries, par Trouard de Riolle. In-4, v. m. (48 *feuillets.*)

MANUSCRIT présenté au ministre Villedeuil en 1787. — On a relié à la suite diverses Ordonnances, Arrêts et Déclarations du Roi, de 1666, 1696, 1703, 1714, 1715, 1700 et 1776, sur le même sujet.

504. Monumens des grands maîtres de l'Ordre de Saint-Jean de Jérusalem, ou Vues des Tombeaux élevés à Jérusalem, à Ptolémaïs, à Rhodes, à Malte, etc..... publiés par M. de Villeneuve-Bargemont. *Paris, Blaise,* 1829, 2 vol. gr. in-8, pap. vél. cart. (80 *pl.*)

505. L'anfiteatro del valore, overo il Campidoglio del merito spalancato alle glorie della nobiltà Torinese... da P.-Ant. Arnaldo. *In Torino,* 1674, in-8, vél. (40 *pl.*)

506. El Tison de España, ou le Flambeau de l'Espagne pour découvrir les taches de sa noblesse (par le cardinal de Mendoza y Robadilla), traduit litté-

ralement de l'espagnol en français. Gr. in-4, cart. (50 *feuillets*.)

MANUSCRIT moderne, exécuté avec beaucoup de soin. Le texte espagnol est placé à la suite de la traduction.

507. Traité des Tournois (en allem.). *Francfort-sur-le-Mein*, 1566, 3 tom. 1 vol. in-fol. v. f. (122 fig. s. b. non compris les *blasons*.)

HISTOIRE LITTÉRAIRE. — BIBLIOGRAPHIE.

508. Archives philosophiques, politiques et littéraires. *Paris, Fournier*, 1817-18, 5 tom. en 4 vol. in-8, d.-r.

509. Voyage littéraire de la Grèce, par Guys. *Paris, veuve Duchesne*, 1783, 4 vol. in-8, v. éc. fil. (10 fig.)

510. La France littéraire... *Paris, Duchesne*, 1759-64, 5 part. en 2 vol. p. in-12, v. éc. fil.

511. Mélanges sur les Académies, 4 parties in-8.

Des Académies, par Chamfort. 1791. — De l'Académie françoise, ou Réponse à l'Écrit de Chamfort, par l'abbé Morellet. *Ib*. (108 *pag.*) — Compte rendu des travaux de l'Institut. 1798 (202 *pag.*) — Mémoire pour les Académies, par J. De Sales. 1800 (200 *pag.*)

512. Pauli Freheri Theatrum eruditorum clarorum. *Noribæger*, 1688, in-fol. vél. (1280 *portraits*.)

513. Joh.-Henr. Otthonis Historia doctorum Misnico-rum, qua opera etiam Synedrii magni hierosolymi-tani præsides et vice-præsides recensentur. *Amstelodami*, s. d. in-8, vél.

514. Notice raisonnée des ouvrages de Gaspard Schott, jésuite..... par l'abbé M*** (Mercier) de Saint-Léger. *Paris*, 1785, in-8, d.-r.

515. Plan du Traité des Origines typographiques, par Méerman. *Paris, Lottin*, 1762, in-8, br.

516. Notice d'un livre imprimé à Bamberg en 1462, lue à l'Institut par Camus. *Paris*, an VII (1799), in-4, 30 *pag.* et 3 *pl.*

517. Mélanges sur l'Imprimerie; 2 br. in-8.

Des progrès de l'Imprimerie au xvie siècle, par Crapelet. *Paris,* 1836 , Gr. Pap. — Sur les premiers temps de l'Imprimerie en Normandie; par Éd. Frère. *Rouen,* 1830.

518. De Bibliothecis liber singularis, auct. Joh. Lomeiero. *Zutphaniæ,* 1669, p. in-8, vél.

Exemplaire de Colbert.

519. Recherches sur les Bibliothèques anciennes et modernes... par L.-Ch.-Fr. Petit-Radel. *Paris,* 1819, in-8, br.

520. Dissertation sur les Bibliothèques...—Table alphabétique des Dictionnaires.... (par le président Durey de Noinville). *Paris Chaubert,* 1758; 2 tom. 1 vol. p. in-8, v. m.

521. De la Bibliomanie (par Bollioud-Mermet). *La Haye (Paris)* 1761, in-8, d.-r. mar. v.

522. Mélanges, 2 br. in-8.

Sur les Bibliothèques et la Bibliographie : par Jardé. — Répertoire de Bibliographies spéciales : par Gabr. Peignot.

523. Manuel du Bibliophile : par G. Peignot. *Dijon,* 1823, 2 vol. in-8, br.

524. Biblioteca napoletana, et Apparato a gli huomini illustri in lettere di Napoli... Opera del D. Nic. Toppi. *In Napoli,* 1678, in-fol. v. br.

525. Mémoire historique sur la Bibliothèque dite de Bourgogne, présentement Bibliothèque publique de Bruxelles : par De Lascrna Santander. *Bruxelles,* 1809, in-8, br.

526. Notice sur les Manuscrits et les Éditions de Fénelon. In-8, 58 pages.

Extrait des OEuvres de Fénelon , t. XX, publ. à Versailles.

527. Serie dell' Edizioni di testi di Lingua italiana, opera compilata da Bartol. Gamba. *Milano,* 1812, 2 part. 1 vol. in-18, gr. pap. v. gr. dent.

528. Catalogue des Livres du maréchal d'Estrées.

Paris, Guérin, 1740, 3 vol. in-8, v. br. (avec *les prix.*)

Le 3ᵉ volume contient la table des Auteurs, les livres retirés et omis, le Catalogue des Estampes et celui des Médailles. Ce dernier est fort rare.

529. Catalogue des Livres de M. Mallard, avocat. *Paris, Debure*, 1766, in-8, v. m. (*table et prix.*)

530. Catalogue des Livres de M. Randon de Boisset, Receveur gén. des Finances. *Paris, Debure*, 1777, in-12, v. éc. fil. (*table et prix.*)

531. Catalogue des Livres de M*** (d'Hangard). *Paris, Née de la Rochelle*, 1789, in-8, d.-r. v. (*table et prix.*)

532. Catalogue des Livres du Cabinet de M. Caillard. *Paris*, 1805, gr. in-8, p. de Holl. cart. (*non rogné.*)

533. Catalogue des Livres précieux, manuscrits et imprimés sur vélin, du Cabinet de M*** (Chardin, rédigé par Leblanc). *Paris*, 1811, in-8, pap. de Holl. br.

534. Catalogue des principaux Ouvrages de Langlès. *Paris*, 1811, in-8.—Lettre écrite de Lintz par un Orientaliste allemand, au sujet d'un orientaliste français (Langlès). *Strasbourg*, 1814, in-8.

535. Collection de Matériaux pour l'Histoire de la Révolution de France, depuis 1787 jusqu'à ce jour. — Bibliographie des journaux : par M. D.......s (Deschiens). *Paris, Barrois*, 1829, in-8, br.

BIOGRAPHIE.

536. Historia degli Imperatori greci, descritta da Niceta. *Venetia, Valgrisi*, 1562, in-4, parch.

537. Biographie universelle ancienne et moderne.... par une Société de gens de lettres et de Savants. *Paris, Michaud frère*, 1811 et ann. suiv. 52 vol. in-8, d.-r.

538. Galerie historique des Contemporains, ou nou-

velle Biographie........ *Bruxelles, Wahlen,* 1820, 8 vol. in-8, v. gr. fil.

539. Biographie Étrangère, ou Galerie universelle, historique, civile, militaire, politique et littéraire : par une Société de gens de lettres. *Paris, Alexis Eymery,* 1819, 2 vol. in-8, d.-r.

540. Vita di P. Balthasaris Alvarez, S. J. per Lud. de Ponte... edita. *Col. Agripp.* 1616, in-8, mout. mar. fil.

541. Castellani magni Franciæ Eleemosynarii vita, auct. P. Gallandio... Steph. Balusius nunc primum edidit et notis illustravit. *Parisiis, Fr. Muguet,* 1674, in-8, v. br.

542. La Vie et les Actions de monseigneur Christ. Bernard de Gale, évêque de Munster. *Cologne, P. le Jeune,* 1679, p. in-12, parch.

543. Précis classique de la Vie de Fénelon. 2 vol. in-8.

MANUSCRIT inédit, provenant de la Société pour la reproduction des bons Livres.

544. Essai sur l'histoire de Marguerite d'Autriche et sur le Monastère de Brou... par Cussinet. *Lyon,* 1837, in-8, br.

545. Apologie, ou les véritables Mémoires de Mme Marie Mancini, connestable de Colonna, écrits par elle-même (et publiés par S. Bremond). *Leyde, van Gelder, à la Tortue,* 1678, p. in-12, v. f. fil. (*anc. rel.*)

546. Le véritable Père Josef, capucin, nommé au cardinalat, contenant l'Histoire anecdote du cardinal de Richelieu. *Saint-Jean de Mauriene,* 1704, in-12, mar. v. (anc. rel.)

Ce volume est précédé de la *Préface, servant de clef pour l'intelligence* de l'ouvrage, en 12 *pages*; il est suivi de la *Réponse au Livre intitulé le Véritable Père Josef.... et aux autres critiques de la vie de ce fameux capucin....* 16 pages.

547. Histoire politique et amoureuse du cardinal

Louis Portoçarrero, archevêque de Tolède. *Amsterdam*, 1756, p. in-12, v. m. (*Portraits.*)

548. Vie de M. D'Aguesseau, conseiller d'État ordinaire, écrite par M. le chancelier D'Aguesseau, son fils, au château de Fresne, depuis 1718 jusqu'en 1720. Gr. in-4. 152 *pages*.

MANUSCRIT exécuté avec beaucoup de soin, sous les yeux de l'auteur. On y a joint plusieurs Actes, Contrats, Quittances et Pièces diverses, des années 1640, 1645, 1661, 1664, 1690, 1697, 1699, 1703 et 1747, ensemble 10 pièces, revêtues des signatures autographes de plusieurs membres de la famille D'Aguesseau, savoir : Anne de Bives, veuve d'Ant. D'Aguesseau, D'Aguesseau (Louis-Henry); D'Aguesseau (Henry-François); D'Aguesseau de la Luce.... etc.

549. Notices biographiques, 2 br. in-8, (tirées à petit nombre.)

Notice sur la duchesse de la Vallière. *Paris*, 1818. — A la mémoire de madame Dubocage, par madame Fanny Beauharnais.

550. Histoire de Mme la marquise de Pompadour, trad. de l'angl. (composée en français par Mlle Fauque, ex-religieuse). *Londres, aux dépens de S. Hooper, à la tête de César*, 1759, 2 part. en 1 vol. p. in-8, d.-r. mar. v. non rogné. (189 pages.)

Édition très-rare. — Voyez le Dictionnaire des Anonymes de *Barbier*, t. II, n° 7710.

551. Précis historique de la Vie de M. de Bonnard : par Garat. *Paris*, 1785, in-8, d.-r. mar. v.

552. Notices biographiques et littéraires sur divers personnages célèbres, 5 br. in-8.

1. Sur Ant.-Alex. Barbier, par M. Louis Barbier, fils aîné. *Paris*, 1827.—2. Sur Champollion le jeune, par Silvestre de Sacy. *Ib.* 1832. —Sur A. Bruguière, baron de Sorsum ; par Spencer Smith. *Caen*, 1823. — 4. Sur madame Spencer-Smith. *Ib.* 1829. — Sur le P. Constant Beschi, par Eug. Sue, de Pondichéry. *Paris*, 1841.

553. Portrait de Marat, par Fabre d'Églantine. *Paris*, an II, in-8, br. non rogné. (*très-rare.*)

554. Vie du général Désaix, suivie de son Éloge funèbre, par Simien Despréaux. *Paris*, 1810, in-8.

555. La Vie et les sentimens de Lucilio Vanini (par Dav. Durand). *Amst. Fritsch*, 1717, in-12, v. éc. fil.

5

556. Histoire de la Vie et des Ouvrages de Percy....
par Laurent, d.-m. *Versailles*, 1827, in-8, v. dent.
à froid.

557. Physionomies des hommes politiques du jour,
jugés d'après le système de Lavater, avec un Précis
de la science physiognomonique, par Hocquart.
Paris, 1843, gr. in-16, pap. vél. (*figures* et *portraits.*)

558. Éloge de Louis XVI, ou Tableau fidèle du caractère, des mœurs, du génie, de la politique et
des actions du Roi-martyr. In-fol. br.
<small>MANUSCRIT exécuté avec soin, d'une écriture fine et régulière;
il est divisé en deux parties, dont la 1re contient 94 pages et la 2e 122.</small>

559. Mémoires biographiques d'un Typographe italien (Bettoni). *Paris*, 1835, in-8.

560. Mémoires de lady Hamilton, ou Choix d'anecdotes curieuses sur cette femme célèbre. *Paris*,
Dentu, 1816, in-8, cart. (*Portrait.*)

561. Family Anecdotes (by Francis H. Egerton).
Paris, Didot aîné, s. d. gr. in-8, demi-rel. mar. r.
(*Portrait*, et *lettre aut. sign.*)

562. Essai sur la vie de T. Wentworth, comte de
Strafford.... par le comte de Lally-Tolendal. *Paris*,
Nicolle, 1814, in-8, v. rac. dent.

---

563. Vie de Jacques Pierlot, prêtre et marguillier de
la paroisse de Verviers, ville de la principauté de
Liége; avec tous les détails de son crime, de sa
dégradation et de sa mort. *Liége*, 1786, in-8, br.
(*Portrait* et 4 fig.) Rare.

SUPPLÉMENT.

564. Litanies pour toutes les fêtes de l'année. In-12,
v. j. (304 *feuillets.*)
<small>Manuscrit du siècle précédent.</small>

565. Psalmorum liber, græcè. *Parisiis, Franc. Ste-phanus*, 1543, in-16, v.

566. Gregorii pape... in septem Psalmos penitentiales explanatio. *Parisius, Udalricus Gering et Berch-toldus Remboldt*, 1508, in-4, goth. 2 col. fig. lign.

567. Matinées royales. *S. d.* in-16, d.-r. mar. non rogn.
Ouvrage attribué à Frédéric II, roi de Prusse.

568. Nouvelles libertés de penser. *Amsterdam*, 1743, gr. in-18, mar. r. (*Derome.*)
Petit ouvrage fort rare, et divisé en quatre parties, dont la 1re, *Ré-flexions sur l'argument de Pascal et de Locke, concernant la possibilité d'une autre vie à venir*, est attribuée à Fontenelle; la 2e, *Sentimens des Philosophes sur l'existence de l'âme*, à Mirabaud; la 3e, *Traité de la Li-berté*, à Fontenelle; la 4e, *Réflexions sur l'existence de l'âme, et sur l'existence de Dieu*; et le *Philosophe*, à Du Marsais.

569. Dictionnaire des Merveilles de la Nature.... par Sigaud de la Fond. *Paris, Desray*, 1790, 2 vol. in-8, v. rac.

570. Élémens de Botanique, par Pitton de Tourne-fort. *Paris, impr. roy.* 1694, 3 vol. in-8, mar. r. 451 *pl.* (*rel. anc.*)

571. La Danse ancienne et moderne, ou Traité histo-rique de la Danse : par Cahusac. *La Haye (Paris)* 1754, 3 tom. en 1 vol. in-12, v. m. fil.

572. Distiques de Caton, en vers latins, grecs et fran-çais; suivis des Quatrains de Pibrac, trad. en prose grecque, par Dumoulin. *Paris*, 1802, in-8, d.-r.

573. Les Poésies d'Anacréon, trad. du grec en vers, par F. G*** (Fr. Gacon); précédées du texte grec (publié par J. Capperonier et de Querlon). *Paris, Grangé*, 1754, 2 tom. en 1 vol. in-16, Pap. de Holl. v. d. s. tr.

574. Les Chevilles de Me Adam, menuisier de Nevers. *Paris, Toussaint et Quinct*, 1644, in-4, d.-r.

575. OEuvres de Scarron (Poésies diverses). *Suivant la copie impr. à Paris (Hollande, au Quærendo)* 1668, in-12, v. d. s. tr. (13 cent. 6 m. = 5 pouces.)

576. OEuvres du Sr de Saint-Amant. *Rouen, I. Gruel,* 1668, 3 part. 1 vol. 12, v. m.

577. Idylles et Poëmes champêtres de Gessner, trad. de l'all. par Huber. *Lyon, Bruyset,* 1762, in-12, v. m.

578. Idylles, par Berquin (*Paris, Quillau,* 1775) 2 part. en 1 vol. in-16, pap. de Holl. v. f. fil. (25 *fig.* d'apr. *Marillier.*)

579. Romances, par Berquin (*Paris, Quillau,* 1777) in-16, gr. pap. de Holl. v. f. fil. (*fig.* d'apr. *Marillier,* avec musique gravée.)

580. La Henriade (et Poésies diverses de Voltaire). *Paris, Duchesne et autres* (*impr. de Barbou*) 1770, 2 vol. in-8, v. éc. fil. d. s. tr. (12 *figures,* 12 *vignettes* et *portrait* d'après *Eisen.*)

581. Mélange d'anciennes Pièces de Théâtre, 1res éditions. 3 part. 1 vol. in-12, v. br. (avec la signature *Joyeuse,* maréchal de France.)

1. Les Fables d'Esope (par *Boursault*). *Paris,* 1690, *fig.* — 2. Le Grondeur. *Ib.* 1693. — 3, La fille capitaine, par Montfleury. *Ib.* 1672.

582. Remarques et Pensées diverses (par Leloup). Petit in-fol. mar. r. (94 *feuillets.*)

MANUSCRIT du siècle précédent : véritable chef-d'œuvre de patience calligraphique. — Ce singulier volume contient diverses pièces en prose et en vers, avec dessins à la plume très-finement exécutés. Chacune des pièces offre des différences dans la forme des lettres majuscules et dans celles du texte même; quelques-unes sont remarquables par le nombre de petits points dont chaque lettre du texte est composée.

583. OEuvres de E.-P.-F. Robert : Fables, Contes, Comédies, Epitres; et une Tragédie. 4 vol. in-4.

MANUSCRIT autographe, divisé en quatre parties : la 1re contient 116 *Fables* en six livres, dont les trois premiers, publiés en 1798, ont été favorablement annoncés dans les principaux journaux de l'époque; et un poëme en 3 chants, l'*Esopéide;* — la 2e contient 60 *Contes* en vers; — la 3e, six *Comédies* en vers, et une *Tragédie :* plusieurs de ces pièces ont été représentées sur le Théâtre-Français de l'Odéon. — A la Tragédie se trouve annexée une Note autographe de Monvel. — La 4e partie se compose de trois *Epîtres* sur la Vertu.

www.ingramcontent.com/pod-product-compliance
Lightning Source LLC
Chambersburg PA
CBHW071422220526
45469CB00004B/1389